4 bis 7 Jahre

Sabrina Hinrichs

Bewegungs-Geschichten

Mitmachgeschichten zur aktiven Förderung von Aufmerksamkeit & Kreativität

Lernen mit Erfolg
KOHL VERLAG

Bewegungsgeschichten

2. Auflage 2026

Inhalt: Sabrina Hinrichs
Umschlagbild: © Monkey Business – AdobeStock.com
Redaktion: Kohl-Verlag
Grafik & Satz: Simone Demler / Kohl-Verlag
Druck: Druckhaus Flock, Köln

Bestell-Nr. 12 971

ISBN: 978-3-98558-243-3

Bildquelle © Adobe.Stock.com

S. 3: Olesya; **S. 5:** irwanjos, Maxim; **S. 6:** Dusan; **S. 7:** YummyBuum, Anna Velichkovsky; **S. 8:** topvectors; **S. 9:** 9studio; **S. 10:** Tatiana Kuzmina; **S. 11:** Colorfuel Studio; **S. 12:** Colorfuel Studio; **S.16:** Popmarleo, shockfactor.de; **S. 17:** blueringmedia, soniagoncalves; **S. 18:** mumut, Yael Weiss, blueringmedia; **S. 19:** blueringmedia, sararoom; **S. 20:** ilyakalinin, Ulyana Mo; **S. 21:** Vidady; **S. 22:** ilyakalinin; **S. 23:** GraphicsRF; **S. 24:** blueringmedia; **S. 25:** honeyflavour, GeoPappas; **S. 26:** Alyona; **S. 27 + 28:** Christos Georghiou, Natis, agaes8080; **S. 29:** Anastasiya,Anastasia Popova; **S. 30:** John Takai; **S. 31:** sandybar; **S. 32:** theblackrhino; **S. 33:** GraphicsRF, BNP Design Studio; **S. 34:** PixelPower, Klara Viskova; **S. 35:** Igor Zakowski; **S. 36:** GraphicsRF; **S. 37:** Mark Stay.jpeg; **S. 38 + 39 + 40:** ssstocker; **S. 38:** cgdeaw; **S. 40:** Idey; **S. 41:** BNP Design Studio; **S. 42:** backup_studio, Klara Viskova; **S. 43:** blueringmedia; **S. 44:** Marina Zlochin, Gerhard Seybert

Bildquellen © wikicommon.org (gemeinfrei) - alle anderen Bilder

Kontakt: Kohl-Verlag, An der Brennerei 37-45, 50170 Kerpen
Tel: +49 2275 331610, Mail: info@kohlverlag.de

Der vorliegende Band ist eine Print-Einzellizenz

Sie wollen unsere Kopiervorlagen auch digital nutzen? Kein Problem – fast das gesamte KOHL-Sortiment ist auch sofort als PDF-Download erhältlich! Wir haben verschiedene Lizenzmodelle zur Auswahl:

	Print-Version	PDF-Einzellizenz	PDF-Schullizenz	Kombipaket Print & PDF-Einzellizenz	Kombipaket Print & PDF-Schullizenz
Unbefristete Nutzung der Materialien	x	x	x	x	x
Vervielfältigung, Weitergabe und Einsatz der Materialien im eigenen Unterricht	x	x	x	x	x
Nutzung der Materialien durch alle Lehrkräfte des Kollegiums an der lizensierten Schule			x		x
Einstellen des Materials im Intranet oder Schulserver der Institution			x		x

Die erweiterten Lizenzmodelle zu diesem Titel sind jederzeit im Online-Shop unter www.kohlverlag.de erhältlich.

Inhalt

Vorwort

Vorlesen mal ganz anders! Eigentlich verbinden wir mit Vorlesen eine Gute-Nacht-Geschichte, eine gemütliche Zeit auf dem Sofa, eine Kamishibai-Lesung oder die Frühstückspause in der Schule. Meistens sind die Zuhörer nur passiv beteiligt. Dabei geht Vorlesen auch anders:

Die Geschichten in diesem Band bieten die Möglichkeit des aktiven Zuhörens. Die Kinder werden an dem Geschehen beteiligt, in die Geschichte mit einbezogen und aufgefordert mitzumachen. Gefördert werden dabei die Aufmerksamkeit und die Reaktionsfähigkeit. Außerdem wird die Fantasie der Kinder angeregt und es werden erste Erfahrungen im darstellenden Spiel gemacht. Dem Vorleser wird beim Anschauen der zuhörenden Kinder bewusst, ob diese die Geschichte verfolgen und den Inhalt verstanden haben.

Mit den Bewegungsgeschichten wird Bewegung in den Alltag eingebaut, ob zuhause, im Kindergarten oder in der Schule. Bewegung hält wach und aktiv und ist gesund. In der Schule ermöglichen Bewegungspausen ein konzentrierteres Weiterarbeiten im Anschluss.

Bewegungsgeschichten sollen keinesfalls die passiven, ruhigen und gemütlichen Vorlesezeiten im Alltag ersetzen, sondern vielmehr als Ergänzung dienen und eine weitere Form des Vorlesens und Zuhörens anbieten.

In die Geschichten können Sie ohne große Vorbereitungen starten. Die Bewegungen können am Platz sitzend oder stehend ausgeführt werden. Wenn möglich fordern Sie die Kinder auf, aufzustehen und sich vor ihre Stühle zu stellen, bevor Sie beginnen vorzulesen. Lassen Sie alle möglichen Stolperfallen, z. B. Schultaschen oder Spielzeug, entfernen. Bauen Sie während des Vorlesens an den Stellen, an denen sich die Kinder bewegen sollen, kleine Vorlese-Pausen ein. Die Textabschnitte zum Mitbewegen sind in den Geschichten fett gedruckt. Dahinter wird manchmal – jeweils in Klammern und kursiv gedruckt – die auszuführende Bewegung genauer erklärt. Diese Anweisungen zum Bewegen sollen nicht mit vorgelesen werden. Vor allem am Anfang der Geschichte oder mit Kindergruppen, die sich zum ersten Mal beim Vorlesen mitbewegen, bietet es sich an, dass der Vorleser die Bewegungen mitmacht. Die 14 Bewegungsgeschichten sind auf den folgenden Seiten so angeordnet, dass die ersten Geschichten eher für jüngere Kinder im Kindergartenalter geeignet sind, während die letzten Geschichten eher Grundschüler ansprechen werden.

Viel Spaß beim Vorlesen, beim aktiven Zuhören und beim Bewegen wünschen Ihnen und den Kindern das Team des Kohl-Verlags und

Sabrina Hinrichs

1 Der Gewichthebär

Der Bär hat sich etwas fest vorgenommen: Er möchte das allerstärkste Tier im ganzen Wald werden. Und dafür trainiert er jeden Tag sehr hart. Täglich **reißt** er **Bäume aus** *(mit den Händen Greifbewegung vor dem Körper machen und dann die Hände hochziehen)*. Er **hebt** schwere **Steine vom Boden auf** *(sich bücken, um etwas aufzuheben)* und **stemmt Baumstämme mehrmals hintereinander so hoch, wie er kann**. Vor seinem Training **zieht** er **sich** immer zuerst eine **Trainingshose an**, dann die **Trainingsjacke**, anschließend die **Turnschuhe** und zum Schluss noch ein **Stirnband** *(Anziehbewegungen jeweils mitmachen lassen)*.

Doch je stärker der Bär wird, desto unsicherer werden die anderen Tiere. „Mit wem möchte **sich** der Gewichthebär wohl **messen**?“, denken sie *(rechten Arm anheben und Muskeln zeigen und anspannen)*. „Möchte er ihnen **Angst machen** *(zusammenkauern)*? Warum will er stärker sein als alle anderen?“, fragen sie sich verunsichert. Oft **verstecken sich** die anderen Waldtiere vor ihm *(sich ducken)* und **schauen** dem Gewichthebär aus der Ferne beim Training **zu** *(mit beiden Händen jeweils mit Daumen und Zeigefinger Kreis formen und als Fernrohr vor die Augen halten und dann den Kopf von rechts nach links bewegen)*. Bei einigen ist die Angst vor dem starken Bären so groß geworden, dass sie **davonlaufen** *(auf der Stelle laufen oder im Raum herumlaufen)*, wenn sie ihn sehen.

Auch der Gewichthebär merkt, dass die anderen Tiere sich immer mehr von ihm zurückziehen, er mit jeder Trainingseinheit immer einsamer wird. Nun ist er das stärkste, aber auch einsamste Tier im ganzen Wald.
Er vermisst es, mit den anderen Tieren zusammen zu sein. Traurig **kauert** er sich unter einen Baum *(Knie anziehen, Kopf auf die Knie legen)* und denkt an die schönen alten Zeiten zurück, als er mit seinen Waldfreunden **Honig geschleckt** hat *(Finger ablecken imitieren)*, im Bach **gebadet** hat *(Schwimmbewegungen)*, Verstecken gespielt hat *(Hände zuerst vor die Augen legen und dann diese wieder frei geben)* und alle gerne sein weiches Fell **gestreichelt** haben *(mit der einen Hand den anderen Arm streicheln)*. Eigentlich war er früher – als er noch nicht so stark war – viel glücklicher. Statt zu trainieren, hat er damals viel Zeit mit seinen Freunden verbracht.

KOHL VERLAG Bewegungsgeschichten
Mitmachgeschichten für Kindergarten und Grundschule – Bestell-Nr. 12 971

1 Der Gewichthebär

Der Gewichthebär **reckt und streckt sich**, **verschränkt die Arme hinter seinem Kopf** und beginnt zu träumen. Irgendwie muss er den anderen Tieren klarmachen, dass er niemandem etwas antun möchte und niemand Angst vor ihm haben muss. Auch wenn er dafür mit seinem Training aufhören muss. Der Gewichthebär **zieht seine Trainingshose aus**, dann **seine Trainingsjacke**, anschließend **seine Turnschuhe** und zuletzt **sein Stirnband**. Dann **stapft** *(auf der Stelle stapfen)* er schließlich los. Er **pflückt Beeren**, sammelt leckere Kräuter und **streicht** Honig aus einem Bienenstock **heraus** *(die rechte Hand streicht über die linke)*. Danach **fängt** er am Fluss **Lachse** *(sich bücken und Fangbewegung mit den Händen)* und bereitet damit ein leckeres Buffet für die Waldtiere vor. Nachdem alles vorbereitet ist, lädt der Bär all seine Freunde ein.

Winkend und **fröhlich hüpfend** läuft er durch den Wald. Zunächst noch unsicher folgen ihm die anderen vorsichtig. **Zurückhaltend probieren** die Tiere die **Leckereien** *(schüchternes Essen imitieren)*. Doch nach einer Weile ist alles so wie früher. **Alle spielen** und **lachen** mit dem Gewichthebär, aus dem wieder der gute alte Kuschelbär geworden ist.

Bewegungsgeschichten – Bestell-Nr. 12 971

2 Der JAguar

Der Jaguar **schleicht** *(langsame Schleichbewegungen)* auf leisen Pfoten durch den Dschungel. Er ist auf dem Weg zum Fluss. Denn er hat großen Durst und auf ein gemütliches Bad freut er sich schon seit Langem. Er bleibt stehen und **reckt und streckt sich** zufrieden. Plötzlich hört er eine leise Stimme neben sich. „Hallo Jaguar, kannst du mich vielleicht bis zur Lichtung tragen? Die Sonne scheint so schön. Doch hier im Wald ist es so schattig.“ Der Jaguar entdeckt eine Schildkröte zwischen den Pflanzen am Boden. Hoffnungsvoll schaut diese das große starke Tier an. Der Jaguar überlegt. Die Lichtung liegt in der entgegengesetzten Richtung des Flusses. Er wäre viel länger unterwegs, wenn er der Schildkröte hilft. Trotzdem willigt er ein und lässt die Schildkröte auf seinen Rücken **kriechen** *(langsames kriechen wie eine Schildkröte)*. Als sie die Lichtung erreichen, bedankt sich die Schildkröte und **zieht ihren Kopf** sofort unter ihren Panzer **zurück** *(Kopf einziehen, ducken)*, um sich in Ruhe zu sonnen. Die warmen Sonnenstrahlen tun gut.

Als sich der Jaguar wieder auf den Weg zum Fluss macht, hört er auf einmal **aufgeregtes Vogelgezwitscher** über sich *(schnelles Schlagen mit beiden Armen, so Flügelschlagen nachmachen)*. „Gut, dass wir dich gefunden haben!“, **piepsen** die beiden Kolibris Kira und Kuni. „Wir heiraten in einer Woche und müssen noch alle Dschungeltiere einladen. Du bist doch so schnell. Könntest du bitte allen Bescheid sagen?“ Der Jaguar zögert und **denkt verträumt** an sein Bad im Fluss *(Kopf in beide Hände legen, Augen schauen in eine Richtung, rechts oder links)*. Doch seinen Freunden bei der Organisation der Hochzeit zu helfen sollte selbstverständlich sein. Er verspricht, sich um die Einladungen zu kümmern und **macht sich** sofort **auf den Weg** *(laufen auf der Stelle oder im ganzen Raum herum)*.

„Oh, wie schön!“, sagt der Ameisenbär, als der Jaguar ihm von der Vogelhochzeit erzählt. „Sag mal, weißt du zufällig, ob es in der Nähe einen Ameisenhaufen gibt?“ Der Jaguar **nickt** *(Kopfnicken)*. „Komm mit! Ich zeige dir den Weg!“ Der Jaguar geht vor *(laufen auf allen Vieren)*) und läuft dabei den Weg zurück, den er hergekommen ist. Zufrieden macht sich der **Ameisenbär** *(mit Händen Nasenrüssel formen)* kurz darauf über die leckeren Ameisen her. „Vielen Dank!“, **mampft** er *(Kaubewegungen)*, bevor der Jaguar weiter nach den nächsten Tieren **sucht** *(sich suchend umschauen)*, die zur Hochzeit eingeladen werden sollen.

Endlich erreicht der Jaguar den Fluss. Doch an Baden und Trinken ist nicht zu denken. Die **Affen** kommen sofort auf ihn zugestürmt *(Hände unter die Achseln*

KOHL VERLAG Bewegungsgeschichten Mitmachgeschichten für Kindergarten und Grundschule – Bestell-Nr. 12 971

stecken und dort auf- und abbewegen) „Kannst du uns bitte ans andere Ufer bringen?“, betteln sie und wieder traut sich der Jaguar nicht nein zu sagen. Ein Äffchen nach dem anderen **lässt** er **auf** seinen **Rücken klettern** *(Hände neben dem Kopf nach hinten führen, Tragen und Festhalten imitieren)* und bringt jedes sicher auf die andere Seite des Flusses.

Inzwischen haben auch die Krokodile bemerkt, dass der Jaguar in der Nähe ist. „Du kommst wie gerufen“, **sagt Kroko** *(mit ausgestreckten Händen Krokodilmaul formen und dieses öffnen und schließen)*. „Wir wollen Wasserball spielen und haben die Teams schon eingeteilt. Nur ein Schiedsrichter fehlt uns noch! Bist du dabei?“ Der Jaguar hätte nun wirklich am liebsten endlich seine Ruhe. Trotzdem sagt er ja.

Erleichtert **atmet** der Jaguar **auf**, als das Spiel endlich zu Ende ist. „Am besten suche ich mir hier im Gebüsch erst einmal ein ruhiges Plätzchen, damit ich nicht sofort wieder von jemandem gestört werde“, denkt er. **Erschöpft streckt** der Jaguar **alle Viere von sich** *(Austrecken der Arme und Beine)*. „Gut, dass du da bist!“, hört er plötzlich eine Stimme aus nächster Nähe. „Wir trauen uns seit Tagen nicht mehr zum Fluss. Die Krokodile sind dort und lassen uns nicht in Ruhe trinken und baden“, erklärt ein Wasserschwein. In Ruhe trinken und baden würde der Jaguar auch gerne. Aber dafür ist leider keine Zeit. Er weiß, dass er den Wasserschweinen helfen muss. **Gähnend** steht er auf und geht zurück zum Fluss, um mit den Krokodilen zu sprechen.

Während die Wasserschweine zufrieden und dankbar im Fluss **planschen** *(Spritzen mit Wasser imitieren)*, tapst der Jaguar müde wieder in den Dschungel hinein. Am Fluss wird er sich bei dem Trubel wohl kaum ausruhen können. Mitten im Dschungel allerdings auch nicht. Als sich der Jaguar an einer ruhigen Stelle unter einem Baum **ausstreckt**, entdeckt er, dass sich direkt über ihm im Baum noch jemand ausruht. „Hallo Jaguar!“, ruft das **Faultier** *(Festhalten, Hängen am Baum imitieren, dazu Hände über den Kopf halten und leicht vor und zurück schaukeln)*. „Ich habe den Kolibris Kira und Kuni versprochen nicht zu spät zur Hochzeit zu kommen. Kannst du mich bitte zur Lichtung bringen, auf der die Vogelhochzeit stattfindet? Ich bin doch so langsam und würde es ohne deine Hilfe wohl kaum bis zum Beginn der Trauung schaffen.“ Der Jaguar ärgert sich. Das Faultier ist nicht nur langsam, sondern auch sehr faul. Aber Kira und Kuni wären wirklich sehr enttäuscht, wenn bei der Vogelhochzeit nicht alle anwesend sind. Müde und **widerwillig trägt** der

2 Der Jaguar

Jaguar das Faultier *(Hände rechts und links neben den Kopf und so tun, als wenn man etwas trägt)* durch den Dschungel. Eigentlich möchte der Jaguar endlich ein Nickerchen machen. Aber immer wieder kommt etwas dazwischen.

Auch nach der Hochzeit kehrt keine Ruhe ein. Als der Jaguar seinen **Kopf** erschöpft **zwischen** seinen **Pfoten versteckt**, spricht der Leguan ihn an: „Ich brauche immer mal wieder einen Eiersitter: jemanden, der auf meine Eier aufpasst. In ein paar Tagen möchte ich auf Insektenjagd gehen, dann könnte ich deine Hilfe gut gebrauchen." Erwartungsvoll schaut der Leguan den Jaguar an. Dieser ist nicht gerade begeistert von diesem Vorschlag. Andererseits ist das Aufpassen auf die Eier nicht anstrengend und er würde dem Leguan damit sehr helfen.

Ein paar Tage später **liegt** *(sich hinlegen oder Kopf schief legen, Hände an eine Wange legen und Augen schließen)* der Jaguar neben einer kleinen Erdhöhle, in der sich die Leguaneier befinden. Endlich konnte er sich ausgiebig ausruhen, denn er **wartet** nun schon **seit Stunden** *(Kopf auf den Tisch legen und mit den Fingerspitzen gelangweilt auf die Tischplatte tippen)* darauf, dass der Leguan zurückkehrt. Irgendetwas **juckt** ihn in seinem Fell *(Kratzen am ganzen Körper)*. **Ein Bad im Fluss** *(Körper hin- und herwiegen)* täte jetzt sicherlich gut und der Fluss ist nicht weit weg. Der Jaguar ist unschlüssig. Er hat dem Leguan versprochen bei den Eiern zu bleiben. Andererseits ist das Eierversteck eigentlich total sicher und er hat sein Bad nun schon lange genug aufgeschoben. Schnell **schleicht** er zum Fluss, um möglichst wieder zurück zu sein, bevor der Leguan zurückkehrt. Obwohl der Jaguar sich sehr beeilt hat und er das Eierversteck nicht lange unbewacht gelassen hat, erwartet ihn bei der Rückkehr ein **wütender Leguan** *(wütender Gesichtsausdruck, Hände in die Hüften stemmen)*. „Du hast versprochen, die Eier nicht aus den Augen zu lassen und ich habe mich auf dich verlassen." **Kleinlaut** lässt der Jaguar den **Kopf hängen** *(kraftlos Kopf hängen lassen)*. Der Leguan hat Recht. Er hat sein Versprechen nicht gehalten. Dabei hat der Leguan ihm vertraut. Der Jaguar entschuldigt sich für seine Unzuverlässigkeit und **versucht** dem Leguan **zu erklären** *(gestikulieren mit beiden Händen und dabei sprechen ohne Töne)*, wieso er fortgelaufen ist. „Seit Tagen möchte ich mich unbedingt einmal ausruhen und im Fluss baden. Aber immer wieder benötigt jemand meine Hilfe. **Ich bin schon total erschöpft** *(vorsichtig vom Stuhl rutschen)*

Bewegungsgeschichten
Mitmachgeschichten für Kindergarten und Grundschule – Bestell-Nr. 12 971
KOHL VERLAG

und weiß nicht, wie ich das alles schaffen soll.“ Der Leguan schaut ihn nachdenklich an. „**Wieso sagst du nicht einfach mal nein** *(Kopf schütteln)*, wenn du etwas nicht schaffst oder nicht kannst. Wir freuen uns, dass du so hilfsbereit bist, aber wir wollen nicht, dass es dir damit nicht gut geht.“

Der Jaguar **denkt noch lange** über die Worte des Leguans **nach** *(nachdenklich schauen und das Kinn mit zwei Fingern reiben)*. Wieso hat er nicht nein gesagt, als der Leguan ihn um Hilfe gebeten hat? *Nein* sagen ist nicht schön, aber noch schlimmer ist, dass er total müde und erschöpft ist und dass er sein Versprechen nicht gehalten hat.

„Wieso siehst du so traurig aus? **Bist** du auch so **erkältet** *(nießen)* wie ich?“ Ein **Tapir** sieht ihn mitfühlend an *(mit den Händen einen kurzen Rüssel formen)*. Der Jaguar **schüttelt den Kopf.** „Meine Nase sitzt ganz zu. Kannst du sie mir vielleicht freimachen?“ **Auffordernd hält** der Tapir dem Jaguar ein kleines **Stöckchen hin** und reckt ihm seine lange **Nase entgegen**. *(ein Kind hält einen Stift hoch – Stöckchen, ein Nachbarkind formt den Tapirrüssel mit beiden Händen)*. Soll der Jaguar ihm tatsächlich damit in der langen Nase **herumstochern** *(Stöckchen vor- und zurückbewegen)*? Das geht zu weit. Der Jaguar überlegt nicht lange und **schüttelt den Kopf**. Dann sagt er endlich ganz klar und deutlich **nein** *(so tun, als wenn man laut NEIN sagt)*. Dann erklärt er: „Ich bin zu müde, um jemandem zu helfen. Weil ständig jemand meine Hilfe braucht, habe ich nie Zeit mich auszuruhen. Obwohl ich ein Jaguar bin, kann und will ich nicht zu allem *ja* sagen. Außerdem kannst du die Nase ganz leicht freibekommen, wenn du einmal kräftig **durch die Nase ausatmest** *(kräftiges Ausatmen durch die Nase imitieren)*. Wahrscheinlich brauchst du meine Hilfe gar nicht.“ Der Jaguar dreht sich um und **ruft** noch einmal „**Gute Besserung!**“ und **winkt** zum Abschied, bevor er sich auf den Weg zum Fluss macht. Denn dort will er nun endlich **baden gehen** *(vorsichtig auf den Stuhl fallen, gleiten und Arme zufrieden baumeln lassen)*.

Bewegungsgeschichten
Mitmachgeschichten für Kindergarten und Grundschule – Bestell-Nr. 12 971
KOHL VERLAG

3 Grau ist „Wow!“

Der **kleine Esel Louis** *(beide Hände als lange Ohren seitlich am Kopf halten)* wohnt auf dem Bauernhof von Familie Ellermann. Seine Weide ist direkt neben dem Stall, den er sich mit den anderen Bauernhoftieren teilt. Nur der **Hund Moki wohnt** in seiner **Hundehütte** *(sich am Boden zusammen kauern)* und die Hühner haben ihr eigenes Hühnerhaus.

Gerade steht der kleine Esel Louis auf der Weide und frisst frisches Gras *(Kopf senken und Kaubewegungen machen)*. Die **Sonne scheint** *(die Arme über den Kopf heben und in Kreisform nach außen führen)*. Doch trotzdem ist Louis schlecht gelaunt. Denn er **ärgert sich** über sein graues Fell. Wütend **stampft** er **mit dem Fuß auf** *(Grimasse ziehen, an sich runter schauen, mit dem Fuß aufstampfen)*. „Wieso sehe ich nur so langweilig aus? Alle anderen Tiere haben schöne bunte Farben. Nur ich nicht!“ Seitdem die kleinen niedlichen **Küken geschlüpft sind** *(eine Hand zur Schale formen, in dem Küken sitzt, mit der anderen über imaginäres Küken streichen)*, fühlt Louis sich besonders hässlich. Er schaut zu, wie sie unbeholfen **durcheinanderflattern** *(mit beiden Händen Flügelflattern andeuten)*. Dabei strahlt ihr gelbes Federkleid wunderschön. Sogar die Kühe auf der Weide nebenan sehen mit ihrem schwarz-weißen Fell viel interessanter aus als Louis, obwohl sie den ganzen Tag nur **Gras kauen** *(Kaubewegungen machen)* und **Fliegen verscheuchen** *(mit der Hand imaginäre Fliegen verscheuchen)*.

Louis **seufzt traurig**. Er würde so gerne anders aussehen. Die anderen Tiere wissen dagegen oft gar nicht zu schätzen, dass sie so schöne Farben haben. Die Schweine kann Louis gar nicht verstehen. Ihr schönes Rosa ist selten richtig gut zu sehen, weil sie sich ständig **im Schlamm wälzen** *(mit Dreck spritzen imitieren)*. Dabei würde Louis viel für dieses wunderschöne Rosa tun. Er würde über die höchsten **Zäune springen** *(über vorgestellten kleinen Zaun springen)*, durch die tiefsten Bäche **schwimmen** *(Schwimmbewegungen mit den Armen machen)* und so schnell **galoppieren**, wie er kann *(auf der Stelle von einem Fuß auf den anderen hüpfen, gleichzeitig mit den Händen schnelles Getrappel darstellen)*.

Unerwartet kommt der Hahn an ihm **vorbeistolziert** *(stolzen Gang imitieren)*.

Bewegungsgeschichten
Mitmachgeschichten für Kindergarten und Grundschule – Bestell-Nr. 12 971
KOHL VERLAG

3 Grau ist „Wow!“

Neidisch bewundert Louis seinen roten Hahnenkamm und die langen bunten Schwanzfedern. „Kein Wunder, dass alle Hühner hinter ihm her **gackern**“, *(aufgeregtes Gackern und Geflatter)* murmelt Louis. Er selbst ist dagegen ganz allein auf der Weide und hat niemanden, der ihn anhimmelt. Niemand sieht so langweilig aus wie er. Sogar der Hund mit seinem schokobraunen Fell ist interessanter. Dabei **nagt** er den ganzen Tag nur **an** seinem **Knochen herum** *(nagen am vorgestellten Knochen, Buntstift)*. Und auch das Fell des einzigen schwarzen Schafs ist im Vergleich zu Louis‘ Grau wunderschön und weich. Besonders **elegant ist der Schwan** mit seinen weißen Federn *(beide Arme, etwas gebogen nach hinten strecken, als Flügel)*, den alle nur aus der Ferne beobachten, weil er andere manchmal mit seinem **Schnabel zwickt** *(mit einer Hand einen Schnabel formen, der sich öffnet und schließt)*. Doch das allerschönste Tier auf dem ganzen Hof ist der Pfau. Wenn der Pfau sein **Rad schlägt** *(Arme über dem Kopf nach oben und dann zur Seite führen)*, bleibt allen Tieren **der Mund offenstehen** *(Hand vor den Mund halten)*. Die großen blauen Federn leuchten vor allem im Sonnenschein wunderschön und die **Augen** an den Federenden scheinen alle anzustrahlen und zu **beobachten** *(mit Zeigefinger und Daumen beider Hände Kreise formen und vor die Augen halten)*.

Missmutig trottet Louis Richtung Stall *(mit gesenktem Kopf auf der Stelle langsam trampeln)*. Plötzlich **stolpert** er über etwas. Es scheppert und poltert. Erschrocken **dreht** der kleine Esel **sich um**. „Hoffentlich hat er nichts kaputtgemacht!“, denkt er. Ein großer Topf ist umgekippt, aus dem nun rote Farbe herausläuft. „Oh nein!“, stottert er. Louis überlegt, wie er die vergossene Farbe beseitigen kann, bevor der Bauer etwas merkt. Zum Glück hat er sofort eine tolle Idee: Er nimmt mit seinen Hufen so viel rote **Farbe** wie möglich **auf** einmal auf und **verteilt sie auf seinem gesamten Fell** *(mit beiden Händen schöpfen, jede Hand zu einer kleinen Schale formen und Inhalt auf dem Körper verteilen)*. Schon bald ist von dem langweiligen Grau kaum noch etwas zu sehen. Zufrieden **schaut** Louis **an sich hinunter**. Die anderen Tiere werden Augen machen, wenn sie sein schönes rotes Fell sehen!

Stolz stapft er mitten auf den Hof und **dreht sich** dort einmal **im Kreis**, damit ihn alle sehen können. Als er nun immer noch nicht wahrgenommen wird, **legt** er den **Kopf in den Nacken** und ruft laut: „IA, IA!“ Nicht nur die Tiere, sondern auch der Bauer und die Bäuerin **drehen sich** sofort in

3 Grau ist „Wow!“

seine Richtung **um**. Doch die erwartete Begeisterung bleibt aus. Die Tiere sehen eher verwundert und erschrocken aus und die Bäuerin **schlägt** sogar **die Hände über dem Kopf zusammen**. „Was ist nur mit dir passiert?“ Der Bauer weiß dagegen sofort, woher die rote Farbe kommt. „Damit wollte ich doch den Stall streichen!“, murmelt er.

Alle Tiere **brechen** auf einmal **in** ein **lautes Gelächter aus** *(Bauch halten vor Lachen)*. Sie grunzen, bellen, muhen, krähen, blöken und **halten sich** dabei **die Bäuche**. Damit hat der kleine Esel nicht gerechnet. Schnell **rennt** *(auf der Stelle rennen)* er hinter den Stall und beginnt zu **weinen** *(imaginäre Tränen aus dem Gesicht wischen)*. Wieso gefällt niemandem sein schönes rotes Fell? Das schwarze Schaf **steht** auf einmal **neben ihm** *(sich neben ein Nachbarkind stellen)*. „Es tut mir leid, dass wir dich alle ausgelacht haben!“, sagt es leise. „Dir gefällt dein graues Fell nicht, oder?“ Louis **nickt**. „Ich war auch lange Zeit sehr traurig, weil ich nicht so ein schönes weißes Fell habe wie die anderen Schafe. Aber jetzt denke ich: „Ich bin so, wie ich bin. Und damit bin ich etwas Besonderes! Wir mögen dich und dein graues Fell. Das passt viel besser zu dir als dieses knallige Rot. Kommst du mit auf den Hof zurück?“ Der Esel **schüttelt** nur **traurig den Kopf**. „Ich möchte alleine sein!“, antwortet er mit leiser Stimme.

Die anderen Tiere **haben** ein **schlechtes Gewissen** *(sich betroffen umschauen oder Kopf hängenlassen)*. Sie hätten nicht so gemein lachen dürfen und überlegen wie sie ihre Gemeinheiten wieder gut machen können. Als es auf einmal zu **regnen** beginnt *(mit den Händen Regentropfen zeigen)*, laufen alle Tiere schnell ins Trockene *(auf der Stelle laufen)*. Nur Louis **trabt** mitten auf die Wiese in den Regen, denn er will wieder so sein wie früher. Und tatsächlich **spült** der **Regen** *(Regentropfen mit Fingern nachspielen)* sein rotes Fell wieder grau.

Währenddessen machen sich die Tiere im Stall Sorgen um Louis. Sobald der Regen aufhört, **laufen** sie ins Freie, um nach ihm zu suchen *(Hand an die Stirn halten und sich suchend umschauen)*. Kurz darauf **bellt** der Hund Moki: „Wau! Wow!“ Die Tiere staunen. Hinter dem Schuppen steht Louis und sein Fell ist genauso schön grau wie früher. **„Wow!“, rufen** die Tiere wie aus einem Mund *(Mund öffnen und Wow-rufen spielen, dazu Hände benutzen)*. „Endlich bist du wieder grau! Denn so gefällst du uns **am besten**!“ *(Daumen hochhalten)*.

KOHL VERLAG Bewegungsgeschichten Mitmachgeschichten für Kindergarten und Grundschule – Bestell-Nr. 12 971

4 Der Traumflug

Milan liegt im Bett und kann nicht einschlafen. Er **nimmt** seinen Kuschelbären **in den Arm** *(etwas an sich drücken)* und schaut zur Zimmerdecke. Oma sagt immer, dass man Schäfchen zählen soll, wenn man nicht einschlafen kann. Doch Milan ist sich nicht sicher, ob das wirklich hilft. Auf Milans Bettdecke sind jedenfalls sehr viele Schafe aufgedruckt. Er beginnt zu **zählen** *(mit Zeigefinger Punkte in die Luft tippen)*. „1, 2, 3, 4, 5, 6, 7 …“. Milan muss **gähnen** *(Hand vor den offenen Mund halten)*. Allerdings gähnt er nicht, weil er so müde ist, sondern weil das Schäfchenzählen so langweilig ist.

„Eigentlich könnte man zum Einschlafen genauso gut etwas anderes Langweiliges machen“, überlegt Milan, „zum Beispiel ein langweiliges **Buch lesen** *(mit den Händen blättern im Buch und lesen imitieren)* oder einen langweiligen **Film gucken** *(imaginäre Fernbedienung bedienen)* oder einfach **an etwas Langweiliges denken** *(gelangweilt schauen)*.“ Aber das ist gar nicht so einfach und gelingt ihm nicht. Stattdessen muss er an das gestrige **Minigolfspiel** *(mit imaginärem Schlägel leicht ausholen und schlagen)* mit seinen Eltern und seiner Schwester Ida denken. Und an Idas **Karaoke-Wettbewerb** mit ihren Freundinnen *(Mikrofon vor den Mund halten und singen imitieren)* und an das **Klavier**stück, das er unbedingt noch **üben** muss *(Finger über eine imaginäre Tastatur bewegen)*. Etwas Langweiliges fällt Milan jedenfalls nicht ein. Außerdem hat er nur spannende Bücher und Fernsehen darf er so spät nicht mehr.

Als Gute-Nacht-Geschichte hat **Mama** ihm gerade ein Buch von einem **Flugzeug** *(Arme als Flügel ausbreiten)* **vorgelesen** *(Hände halten imaginäres Buch, lesen)*. Die Geschichte handelte von einem Flugzeug *(Arme ausbreiten)*, das sich einfach **von einer Wolke tragen lässt** *(beide Arme seitlich hochhalten und nach vorne bewegen)*, wenn es müde oder erschöpft ist. „Was macht das Flugzeug wohl bei schönem Wetter, wenn weit und breit keine Wolke am Himmel ist?“, fragt sich Milan. Das **Schlafen auf einer weichen Wolke** *(Kopf auf den Tisch legen)* stellt er sich aber ganz angenehm vor und denkt an das Flugzeug, das **ganz tief in die weiße Wolke einsinkt** und **darin fast verschwindet**, bevor es einschläft *(unter dem Tisch verstecken)*. Doch Milan ist sich sicher, dass er auch auf einer weichen Wolke nicht schlafen könnte. Er würde vielmehr die **Aussicht genießen** *(rechte Hand an die Stirn halten und in die Ferne schauen)* oder **von Wolke zu Wolke springen**. Oder **an** einem **Seil** durch die dicke Wolke hindurch nach unten **klettern** *(mit beiden Händen an einem imaginären Seil nach unten hangeln)*, um bis zum Boden schauen zu können. Dort könnte man auch gut eine Schaukel anbringen und gaaaanz hoch über dem Boden **schaukeln** *(Hände seitlich hochhalten und leicht vor- und zurückbewegen)*.

Doch stattdessen überlegt Milan, sich einen **gemütlichen Platz** auf der Wolke *(Hände hinter dem Kopf verschränken)* zu suchen und gespannt abzuwarten, wohin ihn die

Bewegungsgeschichten
Mitmachgeschichten für Kindergarten und Grundschule – Bestell-Nr. 12 971
KOHL VERLAG

Wolke bringen wird. Über Milans Wolke befindet sich noch eine weitere Wolke. Sie sieht aus, als wäre sie zum Greifen nah, und Milan **streckt seine Hand** nach ihr **aus**. Er **erhascht** *(mit einer Hand in die Luft greifen)* einen Wolkenfetzen und **knetet** daraus verschiedene Figuren: erst einen **Elefanten** *(Rüssel mit den Armen formen)*, dann ein **Krokodil** *(Krokodilmaul mit den Armen formen und dieses auf und zu klappen)* und einen **dicken Bären** *(breitbeinig leicht in die Knie gehen und die Arme vor dem Bauch zu einem Kreis formen)* und danach einen kleinen **Kolibri** *(mit den Armen kurze Flügel andeuten und die Arme auf- und abbewegen)*. Als Milan den kleinen Kolibri **loslässt**, **löst** der Wind diesen schnell **auf** *(pusten)* und **bildet** sofort aus den Wolkenfetzen **neue verrückte Formen** *(mit Händen Formen nachzeichnen)*.

Milan **legt sich auf den Bauch** *(Arme ausbreiten und nach vorne beugen)* und schaut sich in seinen Gedanken die Welt von oben an. Zum Glück hat er ein **Fernrohr** dabei *(auspacken spielen und dann mit beiden Händen hintereinander vor dem Gesicht zwei Kreise mit Daumen und Zeigefinger formen)*.

Unter sich **sieht** *(nach unten schauen)* er **Windräder**, die sich **drehen** *(Arme seitlich kreisen lassen)*, und **Fahrradfahrer** *(imaginären Lenker halten und Beine wie auf dem Fahrrad bewegen, hoch und runter treten)*. Während Milan auf der Wolke **weiterschwebt** *(Arme ausbreiten)*, taucht plötzlich unter ihm das Meer auf. **Schiffe schaukeln** auf den Wellen *(Oberkörper schwanken lassen)* und am Strand lassen Kinder einen **Drachen steigen** *(imaginäre Leinen in den Händen halten und steuern)* oder **bauen mit Schaufeln** eine große **Sandburg** *(imaginären Sand mit Spaten zu einer Burg aufhäufen und mit Händen festklopfen)*. Auf einmal kommt ihm die Landschaft unter sich sehr bekannt vor. „Ist das dort etwa sein Haus?“, denkt er. Nun hat Milan auf einmal doch ein bisschen Heimweh und will zurück nach Hause. Er schnappt sich einen **Fallschirm** und lässt sich damit langsam **hinunter** zum Boden **gleiten** *(mit beiden Händen imaginäre Fallschirmschnüre festhalten, dabei mit dem Oberkörper leicht schwanken, Füße hochheben und bewusst auf den Boden aufsetzen und bremsen spielen)*.

Doch er landet nicht wie geplant im Garten, sondern liegt plötzlich wieder in seinem Bett. **Milan reibt sich die Augen**. „Hat er etwa geträumt?“, überlegt er. Nun ist er sich nicht sicher, ob er nicht vielleicht doch schon geschlafen hat, ohne es zu merken.

KOHL VERLAG Bewegungsgeschichten Mitmachgeschichten für Kindergarten und Grundschule – Bestell-Nr. 12 971

5 Der Eisschollenball

Paul Pinguin **ist verzweifelt** *(Schultern hochziehen)*. Er kann seinen **Frack nicht finden** *(Arme seitlich am Körper anlegen und Hände nach außen hochziehen, suchend umherlaufen)*. Dabei findet schon bald der Eisschollenball in der Eisschollenbucht statt. Und dabei möchte Paul auf keinen Fall fehlen. Doch bei der Kleiderordnung gibt es keine Kompromisse. Ohne Frack kann Paul nicht am Ball teilnehmen. **Verzweifelt schlägt er die Flügel über dem Kopf zusammen.**

Über ihm **flattert eine Möwe mit den Flügeln** *(Arme flattern)* und lacht *(Bauch halten vor Lachen)*. „Kein Wunder! Ohne seinen Frack sieht Paul bestimmt total lächerlich aus. Trotzdem ist das Lachen der Möwe unfair“, denkt er. **Verärgert schaut** Paul **nach oben** und **scheucht sie davon** *(nach oben schauen, mit einer Hand wegscheuchen imitieren)*.

Dann beginnt er, überall nach seinem Frack zu suchen. Er **watschelt** über das Eis *(Fußspitzen nach außen drehen, Arme anlegen und Hände ebenfalls nach außen drehen, hochziehen)* und **schaut sich um** *(eine Hand oberhalb der Augen anlegen und Kopf hin- und herbewegen)*. Paul **schaut in jede Schneehöhle** *(Kopf zur Seite drehen und senken)* und **gräbt im Schnee** *(mit einem Fuß scharren, mit den Händen graben)*. Danach **springt** er ins Wasser und sucht dort unter dem Eis weiter. **Wie ein Pfeil** schießt er durch das Wasser *(beide Arme über dem Kopf gestreckt nach oben führen)*.

Als er wiederauftaucht und an Land **geht** *(auf der Stelle gehen)*, friert er fürchterlich. **Zitternd** *(bibbern)* **legt er seine Flügel um seinen Körper** *(Arme rechts und links überkreuz an den Körper legen)*. Er weiß, wie schrecklich er ohne seinen Frack aussieht, und nun wird ihm auch noch **so kalt wie nie zuvor** *(frieren nachspielen, am ganzen Körper zittern)*. Ohne seinen schönen Anzug ist er kein richtiger Pinguin mehr. Aber wie soll er sein wertvolles Kleidungsstück nur wiederfinden? Paul beginnt zu **weinen** *(imaginäre Tränen wegwischen)*.

Plötzlich hört er wieder das Kreischen der **Möwe** über sich *(Flügelflattern)*. In ihrem Schnabel **trägt** sie Pauls **Frack** *(mit beiden Händen geschlossenen Schnabel formen)*. Aufgeregt **hüpft** Paul **auf und ab** *(Fußspitzen nach außen drehen und auf der Stelle springen)*. Die Möwe **öffnet** ihren **Schnabel** *(Handflächen aufeinander legen und öffnen)* und lässt den Frack fallen. Paul **breitet die Flügel aus, fängt** *(Arme vorstrecken)* den kostbaren Frack **auf** und **drückt ihn glücklich an sich**. „Es sollte nur ein Scherz sein“, erklärt die Möwe kleinlaut. „Mir war nicht klar, wie wichtig dir der Frack ist.“ Paul **weiß nicht, was er sagen soll** *(Schulterzucken,*

5 Der Eisschollenball

dabei Arme leicht anheben und Handflächen nach oben drehen).

„Es war gemein von der Möwe, ihm seinen Frack wegzunehmen“, denkt er, „aber es ist nett, dass sie ihm seinen Anzug nun zurückbringt“. „Ich hätte das nicht tun sollen“, fügt die Möwe hinzu. „Es tut mir leid!“ „Ist schon gut!“, antwortet Paul und **zieht** zufrieden seinen **Frack** wieder **an**. Endlich ist er wieder der Alte. Gleichzeitig **fühlt** er **sich** so **schön** wie noch nie zuvor *(eine Hand hinter den Kopf legen und eingebildet gucken)*. Glücklich **streicht er mit einem Flügel über den weichen Stoff** des Fracks *(mit einer Hand über den anderen Arm streichen)*.

Mit dem wiedergefundenen Frack steigt auch die Vorfreude auf den Eisschollenball. Paul **zählt nun** die Tage bis zu diesem besonderen Tag. Er muss noch ein-, zwei-, drei-, viermal schlafen *(mit Fingern bis 4 zählen)*. Dann ist es endlich so weit. Gemeinsam mit unzähligen anderen Pinguinen **macht** Paul **sich watschelnd auf den Weg** *(watscheln am Platz)* Er läuft hinunter zur Eisschollenbucht. Die Pinguine finden sich auf den Eisschollen ein.

Sobald alle eingetroffen sind, **heben** alle Pinguine die **Flügel über die Köpfe und beginnen, zu klatschen**. Dies ist jedes Jahr das Zeichen für die Band, dass der Ball beginnt. Kurz darauf beginnt die Musik. Vier Pinguine **schlagen** mit ihren Flügeln einen **Rhythmus** auf Eisstücke unterschiedlicher Größe. Gleichzeitig beginnen die Pinguine zu tanzen. Zuerst **wippen** sie nur leicht auf und ab *(mit den Füßen oder Knien leicht auf- und abbewegen)*. Dann **watscheln** sie immer wieder **zwei Schritte vor** und danach **zwei Schritte zurück**. Als die Trommler den Rhythmus ändern, beginnen sich die Pinguine, im **Kreis** zu **drehen** *(langsam watschelnd am Platz drehen)*. Danach **springen** sie abwechselnd **nach links und rechts**, bis ein Pinguin als Vortänzer hervortritt. Schnell ahmen alle den neuen **Tanzschritt** nach: **rechts zur Seite, links zur Seite, dann nach vorne und zurück, am Platz einmal hüpfen und das ganze wieder von vorne**.

So feiern und tanzen die Pinguine stundenlang ohne Pause. Erst als die ersten **Sterne** am Himmel **funkeln** *(Faust formen und abwechselnd schließen und öffnen)*, erklingt der letzte Trommelschlag und die Pinguine **watscheln** in alle Richtungen davon. Plötzlich ist Paul sehr müde und **gähnt**. Nach dem Tanzen ist ihm so warm, dass er seinen Frack eigentlich gar nicht mehr braucht. Trotzdem **kuschelt** er **sich in seinen** schönen schwarzen **Anzug** und weiß, dass er von nun an besser auf ihn aufpassen wird. Denn auf den Eisschollenball im nächsten Jahr freut er sich schon jetzt.

Bewegungsgeschichten
Mitmachgeschichten für Kindergarten und Grundschule – Bestell-Nr. 12 971
KOHL VERLAG

6 So wie du bist

Das Nilpferd Nilo **reckt und streckt sich** *(Arme ausstrecken, Oberkörper strecken)* und **stapft** kurz darauf los in Richtung Fluss *(am Platz stampfen mit den Füßen)*. Die **Sonne geht** gerade **auf** *(Arme langsam nach oben strecken, zur Seite bis nach unten führen)* und Nilo möchte ein erstes Bad nehmen. Doch als er sein Spiegelbild im ruhigen Wasser sieht, bekommt er schlechte Laune. Unzufrieden **streckt** er seinem eigenen Spiegelbild die **Zunge raus**. Er **ist** einfach **viel zu dick** *(Bauch rausstrecken)*. Das war Nilo zwar schon immer. Aber stören tut es ihn erst, seitdem er sich in die hübsche und schlanke Gazelle Gabi verliebt hat.

Gabi wohnt am anderen Flussufer. Oft **beobachtet** Nilo *(mit Daumen und Zeigefinger Fernrohr nachbauen)* aus der Entfernung ihren **eleganten Gang** *(Stolzieren am Platz)* und ihre **langen Hörner** *(Hände am Kopf hochstrecken)*. Bisher hat Nilo sich noch nicht auf die andere Uferseite getraut, um Gabi anzusprechen. Er traut sich einfach nicht, weil er zu **dick ist** *(dicken Bauch mit Händen zeigen)*.

Seit mehreren Wochen macht er jeden Morgen **sein Fitnessprogramm** *(hüpfen auf der Stelle)*, damit er endlich ein bisschen abnimmt. Doch bisher war es offenbar noch gar nicht erfolgreich. Nilo ist immer noch **so dick** wie vorher *(auf den Bauch zeigen)*.

Trotzdem beginnt Nilo nun wie jeden Morgen mit seinen Übungen. Er macht zuerst den **Hampelmann** *(Bewegen wie ein Hampelmann: Arme über dem Kopf zusammenklatschen und öffnen, versetzt mit den Füßen auseinander und wieder zusammen springen)*. Danach macht er mehrere **Kniebeugen** und **stellt sich** daraufhin **auf ein Bein**. Zum **Gewichtheben** nutzt er immer zwei schwere Steine, die am Flussufer liegen *(Arme seitlich des Kopfes mehrmals nach oben stemmen)*.

Erschöpft **lässt sich** Nilo nach dem Muskeltraining **auf seinen dicken Po fallen** *(hinsetzen)* und **atmet mehrmals langsam tief ein und aus**. Er **schließt die Augen** und beginnt zu **träumen**. Nilo stellt sich vor, wie er als schlankes Nilpferd selbstbewusst auf Gabi zugeht und Gabi ihn ganz verliebt anlächelt…Doch er **reißt sich selbst** aus seinen schönen Träumen *(plötzliches Kopfschütteln)*. Denn damit diese Wirklichkeit werden, hat er noch viel zu tun. Er startet mit verschiedenen **Dehnübungen** *(Arme und Beine dehnen)* und **joggt** danach auf der Stelle *(Laufen am Platz)*. Nun versucht Nilo mit seinen **Händen den**

Boden zu **berühren** ohne die Beine zu beugen. Doch das ist wegen seinem **dicken Bauch** gar nicht so einfach. Frustriert lässt Nilo sich ins Wasser fallen. Er braucht dringend eine Abkühlung. Er **schwimmt** mehrere Bahnen von der einen Uferseite zur anderen und wieder zurück *(Schwimmbewegungen)*.

Er **holt tief Luft**, um die gleiche Strecke nun **tauchend** zurückzulegen *(Einatmen und Wangen aufblasen, Augen schließen, Oberkörper bücken, Arme vorstrecken)*. Als Nilo auf der anderen Seite **wiederauftaucht** *(Augen reiben, öffnen)*, kann er seinen Augen kaum trauen. Direkt vor ihm **steht Gabi** *(sich aufrecht hinstellen)* und **schaut** Nilo **überrascht an** *(nachspielen)*. Dann breitet sich ein **schüchternes Lächeln** auf ihrem Gesicht aus *(nachspielen)*. „Du bist jeden Morgen hier, oder?", fragt sie mit ihrer leisen zarten Stimme. Nilo **nickt** und weiß nicht was er sagen soll. „Ich **renne** *(rennen auf der Stelle)* jeden Morgen und komme danach immer zum Trinken hierher. Deshalb bist du mir aufgefallen!" Nilo schluckt und **kratzt sich** verlegen **am Kopf**. Gabi hat ihn also auch **beobachtet** *(eine Hand an die Stirn legen)*. Dabei ist Nilo doch so dick und uninteressant. Doch das scheint Gabi anders zu sehen. „Du bist so stark", *(einen Arm anwinkeln/Muskeln zeigen)* sagt sie und fügt dann hinzu: „Und du bist ein Frühaufsteher wie ich." Nun muss Nilo **lachen** *(nachspielen)*. Denn das scheint die einzige Gemeinsamkeit zu sein, die er und Gabi haben. „Du bist mir auch aufgefallen", gibt er zu. „Weil du so schlank und elegant bist". Gabi **lächelt**. „Was hältst du davon, wenn wir dein Fitnessprogramm nun jeden Morgen zusammen machen?", schlägt sie vor. „Ich wäre gerne so stark wie du!"

Jetzt fühlt Nilo sich gar nicht mehr zu dick. Sein **Herz schlägt** auf einmal ganz stark *(Hand aufs Herz legen und von der Brust weg und wieder zurückbewegen)* und er wird unter seiner dicken Nilpferdhaut ganz rot.

„Das ist eine **tolle Idee!**", *(Daumen hochstrecken)* antwortet er strahlend. „Damit können wir gerne sofort anfangen!" Kurz darauf versucht Nilo so elegant zu **springen** wie die Gazelle *(unbeholfen am Platz hüpfen)* und die Gazelle versucht mit ihren dünnen Armen und Beinen **Gewichte** zu **stemmen** *(unbeholfenes Gewichtheben imitieren)*. Danach stellt Nilo sich vor Gabi und **hebt** sie vor sich **hoch** in die Luft *(Arme ausstrecken und nebeneinander nach oben führen)*. „Weißt du was? Ich glaube, es ist gut, dass jeder so ist wie er ist." Gabi **schaut** ihn **fragend** an *(Schultern zucken)*. „Ich mag dich, weil du so elegant und schlank bist und du findest es interessant, dass ich so viel größer und stärker bin als du!" Gabi nickt. „Es wäre langweilig, wenn wir alle gleich wären und ich **bin wirklich froh** *(auf der Stelle hüpfen und mit den Armen wedeln, wirbeln)*, dass du so bist wie du bist!"

7 Ausflug der Mümfis

Weit entfernt leben die Mümfis auf ihrem kleinen **Planeten Mümfiter** *(große Kugelform mit beiden Händen in die Luft zeichnen)*. Die **Mümfis** sind **klein** *(sich ducken, klein machen)*, haben eine **kurze Rüsselnase** *(Elefantenrüssel zeigen)* und lange Ohren *(beide Hände als Ohren am Kopf formen)*. Ihre **glatte Haut** *(über einen Arm streichen)* ist gelb und an ihren **großen Füßen** *(einen Fuß hochheben und mit den Händen die Größe zeigen)* tragen sie kleine **Krallen** *(mit den Zehen Krallen formen)*. Mit ihren **vier Armen** sind sie sehr geschickt *(Arme lang ausbreiten und auf- und abbewegen oder zu zweit hintereinander stehen und die vier Arme bewegen)*.

Auf dem **Mümfiter** *(große Kugelform mit beiden Händen in die Luft zeichnen)* leben nur zehn Mümfis: **Opa** Mümfi *(über den Bart streichen)*, der **Chef** des Planeten *(Hände in die Hüften und klug schauen)*; **Oma** Mümfi, die gerne mit Blütenstaub leckere Mümfikuchen **backt** *(Teig kneten imitieren)*; **Onkel** Mümfi, ein **Forscher** und Weltraumexperte *(Fernrohr mit Händen nachbauen, ans Auge halten)*; **Tante** Mümfi, eine **begeisterte Gärtnerin** *(Blume eintopfen und gießen)*; **Papa** Mümfi, ein kompetenter **Mechaniker** *(etwas festschrauben imitieren)* und **Mama** Mümfi *(Baby wiegen spielen)*, die mit den vier Mümfikindern Mümfine, Mümfo, Mümfina und Mümfillip alle Hände voll zu tun hat.

Auf dem Planeten **Mümfiter** *(große Kugelform mit beiden Händen in die Luft zeichnen)* **wachsen** *(beide Hände bewegen sich nach oben und dabei die Finger bewegen)* orangefarbene Riesenblüten, deren Blütenstaub auf dem ganzen Planeten zu finden ist. Immer weht ein **leichter Wind** *(pusten)*, der den **Blütenstaub überallhin verteilt** *(mit einer Hand den Staub verteilen, wie beim Säen von Samen)*. Auch gibt es viele Krater, die zum Teil mit hellblauem **Blubberwasser** *(Hände vor dem Körper abwechselnd öffnen und schließen)* gefüllt sind, in denen man wunderbar **baden** kann. Dazu lassen sich die Mümfis oft auf dem orangefarbenen Blütenstaub die steilen Kraterhänge **hinunterrutschen** *(Rutschbewegung)* oder **springen** *(Absprung und Landung)* von einem Sprungbrett ins warme Wasser des Kraters. Damit **spritzen**

sie sich gerne stundenlang nass *(Spritzen mit den Armen)*. Außerdem spielen die Mümfikinder gern in den trockenen Kratern Verstecken. Auch nutzen sie diese zum **Klettern** und **Rutschen**. Eines Tages planen die Mümfis einen Ausflug mit ihrem **großen Weltallauto** *(imaginäres Lenkrad drehen)*, das mit Blütenstaub angetrieben wird. Vor jeder Fahrt **füllen** die Mümfis den **Blütenstaub** in den großen **Trichter** *(Schütten, Auffüllen mit Handbewegungen)*, der hinten am Fahrzeug befestigt ist. Da es auf dem **Mümfiter** *(große Kugelform mit beiden Händen in die Luft zeichnen)* mehr als genug Blütenstaub gibt, steht einer langen Reise nichts im Wege.

Die Mümfis **steigen über eine Leiter** ins Weltallauto **ein** *(Kletterbewegung mit Armen und Beinen nachahmen)* und nehmen auf den 10 Sitzplätzen Platz *(bis 10 zählen)*, die in einem großen Kreis angeordnet sind. In der Mitte befinden sich ein **großes Lenkrad** *(großen Kreis in die Luft zeichnen)* und eine Weltallkarte. **Fenster** *(zeigen nach rechts und links, oben und unten)* gibt es nicht nur an den Seiten, sondern auch oben und unten. Aufgeregt **schauen** die Mümfikinder **hinaus** in den dunklen Weltraum, *(Hand an die Stirn oberhalb der Augen halten)* als das Weltallauto losrollt und schließlich abhebt. Papa Mümfi **steuert** das Weltallauto sicher zwischen den Sternen hindurch *(Lenkbewegungen wie mit einem Lenkrad, dabei Oberkörper nach links und rechts bewegen)*.

„Wo fliegen wir eigentlich hin?", **fragt** Mümfillip *(fragend schauen)*. Wie immer will **Opa** alles **bestimmen** *(mit einem Zeigefinger sehr bestimmt in unterschiedliche Richtungen zeigen)*. „Ich habe etwas von einem **Planeten Erde** gehört. **Dort** *(sehhhhr bestimmt in eine Richtung zeigen)* sieht es angeblich ganz anders aus als auf dem Mümfiter und **seltsame Lebewesen** *(Hände erstaunt nach außen klappen und erstaunt schauen)* gibt es dort." „Vielleicht treffen wir dort also jemanden zum Spielen", stellt Mümfo zufrieden fest. „Oh ja!", ruft Mümfine. „Lasst uns **zur Erde fliegen** *(Arme ausbreiten und schweben darstellen)*!"

Während der leuchtend orange Mümfiter **immer kleiner wird** *(große Kugelform mit beiden Händen in die Luft zeichnen, Kreise werden immer kleiner)*, **taucht** in der Ferne ein blau-grüner Planet **auf** . Onkel Mümfi **schaut mit** seinem **Fernrohr** aus dem Weltallauto *(Hände zu zwei Kreisen formen und durch diese hindurchschauen)* in die Richtung dieses Planeten. „Die Erde ist schon in Sicht!", **ruft** er **begeistert** *(Hand triumphierend in die Luft heben)*. „**Schaut mal**, wie schön es dort aussieht!" Alle Mümfis wollen hinausschauen und **drängeln** sich an den Fenstern *(leichtes Schubsen andeuten)*. Je näher sie kommen, desto klarer sind das Blau der Ozeane und das Grün der Landflächen zu erkennen. „Was für ein schöner Planet!", **staunt** Mama Mümfi.

7 Ausflug der Mümfis

Von Weitem sieht die Erde tatsächlich wunderschön aus. Doch als sie näherkommen, **erschrecken** die Mümfis *(Hand erschrocken an den Mund halten)*. Sie **fliegen** *(Hände ausbreiten und am Platz mit dem ganzen Oberkörper fliegen spielen)* durch dreckige braune Wolken, die aus Schornsteinen aufsteigen. Auf der schönen blauen Wasseroberfläche **schwimmt hässlicher Plastikmüll** *(Nase zuhalten und mit einer Hand nach vorne zeigen, verzerrtes Gesicht dazu machen)* und auch an Land gibt es **riesige Müllberge** *(mit einer Hand einen Berg in die Luft zeichnen)*, die schrecklich **stinken** *(Nase zuhalten)*. Erschrocken **schlägt** Tante Mümfi die **Hände vor** das **Gesicht**. „Wollen wir hier wirklich landen?“, **fragt sie** *(unschlüssig mit den Schultern zucken)*. Aus der Nähe betrachtet, gefällt ihnen die Erde jetzt doch nicht mehr so gut.

An Land sind merkwürdige Fahrzeuge zu sehen, die viel lauter und dreckiger sind als das Weltallauto der Mümfis. Am Rande eines schönen grünen Waldes **lodern Flammen** *(Hände hoch und runter bewegen, dabei die Finger bewegen)* und große Waldgebiete sind schon abgeholzt oder niedergebrannt worden. Karg, trocken und trostlos sieht es dort nun aus. Schweigend fliegen sie weiter. Mümfina hat genug gesehen und **verdeckt ihre Augen mit den Händen** *(Hände vor die Augen halten)*. „Hier möchte ich nicht Urlaub machen!“, murmelt sie enttäuscht. „Die Lebewesen der Erde haben ganz schön viel von ihrem schönen Planeten zerstört“, erklärt Papa Mümfi. „Wenn sie so weitermachen, wird die Erde bald auch aus der Ferne nicht mehr so schön aussehen.“ „Was meint ihr? Wollen wir vielleicht doch lieber ohne Landung wieder zurückfliegen?“, fragt Mama Mümfi. Alle **nicken** ohne zu zögern.

Traurig und nachdenklich **lenken** die Mümfis ihr Weltallauto wieder Richtung Mümfiter *(Lenkbewegungen in eine Richtung)*. Die **Erde wird** langsam immer **kleiner** *(mit Händen Kugel zeigen, Hände immer enger zusammenführen)*. Betrübt **schauen** die Mümfis dem blau-grünen Planeten **nach** *(Hand an die Stirn halten)*. „Wieso haben die Lebewesen der Erde nur so viel von ihrem eigenen Zuhause **kaputt gemacht** *(die eine Hand zur Faust ballen und auf die andere Handfläche feste drauf schlagen)*?“, denken alle Mümfis im Stillen bei sich. Alle **sind froh** *(eine Hand streicht über die Stirn, dazu tief ausatmen)*, als sie wieder den Mümfiter erreichen. Nacheinander **klettern** sie aus dem Weltallauto heraus *(Kletterbewegung mit Armen und Beinen)* und **holen tief Luft** *(tief einatmen)*.

KOHL VERLAG Bewegungsgeschichten
Mitmachgeschichten für Kindergarten und Grundschule – Bestell-Nr. 12 971

7 Ausflug der Mümfis

Hier ist – wie gewohnt – alles sauber und es **duftet wunderbar** *(wieder tief einatmen)* nach den schönen orangefarbenen Blüten.

Nach der Landung macht sich Tante Mümfi sofort an die Gartenarbeit und **gießt** die großen orangen **Blumen** *(Gießbewegung)* „Wir machen es besser als die verrückten Bewohner der Erde", **verkündet sie** *(erhobenen Zeigefinger zeigen)*. „Wir **kümmern** uns besser um unser Zuhause *(z.B. Auto putzen, Haus sauber halten, im Garten Blumen pflegen, Baby wiegen, kranke in den Arm nehmen, Tiere füttern …)*. Denn so schön wie es ist, soll es hier auf jeden Fall bleiben!"

Bewegungsgeschichten
Mitmachgeschichten für Kindergarten und Grundschule – Bestell-Nr. 12 971
KOHL VERLAG

8 Die Achterbahnfahrt

Endlich ist wieder Jahrmarkt. Luana und Liam können es kaum abwarten, über den großen Platz zu **schlendern**, **gebrannte Mandeln** zu **essen** *(Kaubewegungen)*, beim **Dosenwerfen** mitzumachen *(Werfbewegung)*, Enten zu **angeln** und beim **Bogenschießen** ganz genau zu **zielen**.

Doch am meisten **freuen sich** *(Hände jubelnd hochstrecken)* beide auf die Achterbahnfahrt. Nachdem Luana die **Karten gekauft** hat *(Geld aus Portemonnaie nehmen, Karten entgegennehmen)*, **laufen** sie die Metalltreppen **hinauf** bis zum Einstieg. Als die Achterbahn direkt vor ihnen hält, **öffnen** sie den **Metallbügel und die Tür** zum Einsteigen und **klettern in den Wagen** hinein. Schnell **bindet** sich Luana einen **Pferdeschwanz** *(imaginären Zopf binden)*, damit ihre langen Haare während der Fahrt nicht wild umherfliegen. In der Zwischenzeit **zieht** Liam die **Tür** hinter sich **zu**. Dann **drücken** sie den **Metallbügel** mit **beiden Händen hinunter**, bis er einrastet. Vor Aufregung **wippt** Luana **mit dem Fuß**. „Hör auf! Das nervt!“, beschwert sich Liam. Doch auch er kann die Abfahrt kaum abwarten. Der Mann, der Luana und Liam die Karten verkauft hat, **spricht in ein Mikrofon** *(imaginäres Mikrofon vor den Mund halten)*: „**Halten** Sie sich gut **fest**, **schließen** Sie die Metallbügel und die Türen. Eine atemberaubende Fahrt erwartet Sie, die Sie nie vergessen werden!“ Endlich setzt sich die Bahn in Bewegung. Luana und Liam **winken** ihren Eltern zu. Dann **greift** Luana **nach dem Metallbügel**, um sich **daran festzuhalten**. Die Wagen werden immer schneller. Luana und Liam **werden in ihren Sitzen nach hinten gedrückt** *(mit dem Oberkörper zurück gegen die Stuhllehne fallen lassen, Gesicht verzerren)*. Schon kommt die erste Kurve. Luana **kreischt** und hält sich **erschrocken eine Hand vor den Mund**. Kurz darauf werden alle Achterbahnfahrer in den Sitzen **nach rechts gedrückt** *(nach rechts lehnen)*. Gleich darauf erscheint die nächste Kurve und Luana und Liam **rutschen** auf der Sitzbank in **die andere Richtung** *(nach links lehnen)*.

8 Die Achterbahnfahrt

Dann **geht** es plötzlich **steil bergauf** *(nach oben schauen)* und die Bahn wird langsamer. Die **Kinder werden** mit den Rücken **an die Lehnen gedrückt** *(nach hinten lehnen und nach oben an die Zimmerdecke schauen)*. Oben haben sie eine tolle Aussicht und Luana **schaut sich** beeindruckt zu beiden Seiten **um**.

Doch schon wird die Bahn wieder schneller. Die Schienen scheinen plötzlich aufzuhören, so steil geht es kurz vor ihnen abwärts. Ängstlich **schauen** Luana und Liam in den Abgrund **hinunter** *(ängstlich nach unten schauen)*. Dann beginnt schon die steile und schnelle **Abfahrt** *(in die Knie gehen und dabei den Oberkörper nach vorne beugen)*. Liam **reißt beide Arme** begeistert in **die Höhe**.

Die wilde Fahrt geht weiter. Denn es folgen gleich zwei **scharfe Kurven** hintereinander *(Kurven mit den Händen zeigen)*. Zuerst werden Luana und Liam **nach links und dann nach rechts gedrückt** *(nach links und dann nach rechts lehnen)*. Danach geht es noch einmal **hoch** und **runter** *(bergauf- und bergabfahren mit den Armen zeigen, Aufwärts- und Abwärtsbewegungen)*. Luana **hält** sich erschrocken **beide Hände an den Kopf**, als sie sieht was daraufhin folgt: Die Achterbahn **macht eine 180°- Drehung** *(Umdrehen und in die entgegengesetzte Richtung schauen)* und schon kurz darauf **dreht** die Bahn genauso **abrupt** wieder zurück *(erneute 180°- Drehung, Blickrichtung wie vorher)*. Plötzlich sehen Luana und Liam bunte Bänder vor sich und **lehnen ihre Oberkörper nach vorne**, um sich zu ducken. Das Ende der Fahrt ist nun in Sicht. Die Wagen werden **abrupt gebremst** *(schnell nach vorne lehnen)* und schon kommt die Bahn zum Stillstand. „Ist die Fahrt etwa schon vorbei?“, fragt Liam. **„Nein!“,** antwortet Luana *(Kopfschütteln)*. „Ich **habe** noch **zwei** weitere **Tickets** *(zwei Finger zeigen)*. Wir können gleich **nochmal fahren** *(jubeln)*!“

Bewegungsgeschichten
Mitmachgeschichten für Kindergarten und Grundschule – Bestell-Nr. 12 971
KOHL VERLAG

9 Der weite Weg der Dinosaurier

Am **Fuß eines großen Vulkans** *(mit beiden Händen ein Dreieck als Vulkan formen)* leben schon seit Urzeiten die Argentinosaurier. Hier gibt es die **leckersten Palmfarnblätter** *(schmatzen)* und wegen des riesigen Vulkans ist es so gut wie unmöglich, sich zu verlaufen. Denn er **ist** von überall her gut **zu sehen** *(Hand an die Stirn halten)*. Jeden Tag **recken** die riesigen Argentinosaurier **ihre langen Hälse** *(Kinn anheben, Hälse recken)* zu den leckersten Blättern hinauf. Langsam **stapfen** sie durch die tropische Landschaft **um den Vulkan herum** *(um die eigene Achse stapfen)*. Dort **leben** sie **glücklich** und **friedlich** miteinander und **helfen sich gegenseitig** *(Arme vor dem Körper auseinander führen, die Handflächen zeigen nach oben)*.

Diese Ruhe wird eines Tages gestört. Zunächst **hören** die Dinos nur ein ganz leises **Grummeln** *(Hand ans Ohr halten, lauschen)*. Der Boden unter den riesigen Tieren beginnt schließlich leicht zu **wackeln** *(beide Hände vor dem Körper langsam auf- und abbewegen)*. Plötzlich ist sich ein Argentinosaurus ganz sicher, woher die merkwürdigen Geräusche kommen und **zeigt auf den Vulkan**. Das Grummeln wird immer lauter. Überstürzt versuchen sich die Dinos, in Sicherheit zu bringen, und **flüchten**, so schnell sie können *(schnelles Laufen auf der Stelle)*. Bald haben alle Argentinosaurier die Hochebene in der Nähe erreicht, wo sie vor den Lavaströmen geschützt sind. Kurz darauf **bebt der Boden** *(mit dem ganzen Körper wackeln)* und aus dem Vulkankrater **spritzt Lava** *(mit den Händen Lavaspritzen darstellen)*. Riesige Aschewolken **steigen auf** *(beide Hände drehen und nach oben führen)* und das Argentinosaurierreich wird unter den Lavaströmen begraben.

Traurig sehen die Dinos zu *(Kopf hängenlassen)*, wie ihr Zuhause zerstört wird *(imaginäre Tränen aus dem Gesicht wischen)*. Sie sind sich sicher, dass sie hier nie wieder leben können und machen sich auf den Weg, auf der Suche nach einem neuen Zuhause. Sie **stapfen** *(stapfen auf der Stelle)* über die Hochebene davon und erreichen nach einem **langen Fußmarsch** dichte Regenwälder *(langsam laufen, ermüdet schauen, eine*

Bewegungsgeschichten
Mitmachgeschichten für Kindergarten und Grundschule – Bestell-Nr. 12 971
KOHL VERLAG

9 Der weite Weg der Dinosaurier

Hand wischt über die Stirn). Dort **laufen** sie **zwischen Büschen und Gräsern** hindurch *(auf der Stelle laufen, imaginäre Zweige beiseiteschieben)*. Hier **finden** sie endlich einen Bach *(in eine Richtung zeigen)*, an dem sie Wasser **trinken** können *(Kopf neigen, Schluckbewegungen)* Sie legen eine **Fresspause** ein *(Kaubewegungen)*. Erleichtert **ruhen sich** die Saurier **aus** *(gemütlich zurücklehnen oder sich recken und strecken)*. Zum Glück haben sie einen sicheren Ort gefunden, an dem sie erst einmal bleiben können.

Die Dinos **strecken sich** aus *(Arme weit nach oben und nach hinten ausstrecken)* und suchen sich schließlich einen **Schlafplatz** *(Hände an die rechte Wange legen und den Kopf leicht neigen)*. Sie **gähnen, schließen die Augen** und **atmen** schon nach wenigen Minuten ganz **ruhig** *(eine Hand auf den Bauch legen, beim Einatmen wird der Bauch dick, beim Ausatmen wieder flach, leise schnarchen)*.

„Wooooaaahhh!" Die Argentinosaurier werden plötzlich von einem **lauten Gebrüll** *(laut brüllen ohne Ton)* geweckt. Erschrocken **drehen** sie **die langen Hälse in alle Richtungen**. Mehrere Tyrannosaurier kommen **drohend** auf sie **zugestapft** *(Drohgebärden, stampfen am Platz)*. Bedrohlich **zeigen** sie ihre **Krallen** *(Hände zu Krallen formen)* und **reißen** ihre **Mäuler weit auf** *(Hände aufeinanderlegen und auseinanderführen)*. Sofort ist den Argentinosauriern klar, dass sie **hier nicht erwünscht sind** *(beide Händen so bewegen, als wenn man jemanden wegschickt)*. Auf einen Kampf mit diesen **gefährlichen Gestalten** *(Grimassen schneiden, drohende Gebärden machen)* wollen sie sich besser nicht einlassen. Deshalb **rennen** sie, so **schnell** sie können, davon *(am Platz schnell rennen)*.

Nachdem die Argentinosaurier das Reich der Tyrannosaurier verlassen haben, **lassen** sie betrübt die **Köpfe hängen**. **Wo** sollen sie nur **hin** *(Schultern zucken, beide Handflächen zeigen nach oben)*? In ihre Heimat können sie nicht zurück und bei den Tyrannos werden sie nicht geduldet. Ziellos stapfen die Argentinosaurier weiter und **drehen sich** immer wieder **ängstlich um**, weil sie befürchten, dass die Tyrannos sie weiterverfolgen. Irgendwann sind sie so müde, dass sie sich ausruhen müssen. Total erschöpft strecken sie **sich** auf dem Boden **aus** *(Hände über dem Kopf verschränken)*.

Nach der Pause **ziehen sie weiter** *(schlurfend laufen auf der Stelle)*, auf der Suche nach einem neuen **Zuhause** *(ein Haus mit den Händen zeigen)*. Sie wissen nicht, wo sie auf Dauer sicher leben können. Während sie durch den Urwald **marschieren**, **schwenken** sie **ihre langen Hälse** von einer Seite zur

KOHL VERLAG Bewegungsgeschichten Mitmachgeschichten für Kindergarten und Grundschule – Bestell-Nr. 12 971

anderen *(Arme zusammenführen und von rechts nach links bewegen)*. Plötzlich steht ein kleiner Dinosaurier mit zwei großen **spitzen Hörnern** am Kopf und einem kürzeren **Horn an der Nase** direkt vor ihnen *(mit beiden Händen Hörner an Nase und Stirn formen)*.

Ein Triceratops. Ängstlich **schaut** er zu den riesigen Argentinos **auf** *(nach oben schauen, Kopf in den Nacken legen)* und **senkt** schließlich seinen **Kopf**, um den fremden Dinos seine **Hörner entgegenzustrecken**. „Du brauchst keine Angst vor uns zu haben. Wir werden dir nichts antun. Aber nach einem Vulkanausbruch haben wir unsere Heimat verloren und **suchen ein neues Zuhause** *(eine Hand an die Stirn, um Ausschau zu halten, danach ein Haus in die Luft zeichnen)*“, erklärt ein Argentinosaurus die Situation. Der Triceratops **hebt seinen Kopf** wieder und sieht erleichtert aus.

Nun **kommen** noch mehr Triceratops **aus dem Gebüsch hervor** *(Gebüsche zur Seite schieben und laufen auf der Stelle)*. Sie alle **sehen** die großen Dinos **neugierig** an. „Ihr könnt gerne hierbleiben, wenn ihr die **Blätter** der **hohen Baumkronen fresst** *(nach oben zeigen und Fressbewegungen nachahmen)* und uns die **niedrigen Pflanzen** *(nach unten zeigen und Fressbewegungen nachahmen)* **überlasst**“, schlägt ein Triceratops vor. „Wir **teilen** gerne alles mit euch!“ *(beide Handflächen nach oben drehen und nach vorne bewegen)* „Vor den Tyrannos seid ihr hier auch sicher!“, fügt ein anderer hinzu. „Ein Tyrannosaurus wurde hier noch nie gesehen.“ Erleichtert **atmen** die Argentinosaurier **auf** und **bedanken sich** *(aufatmen und sich verneigen)*. „**Willkommen** im Triceratopsreich *(einladend winken)*! Hier ist jetzt auch euer **neues Zuhause** *(Haus in der Luft mit beiden Händen nachbauen)*!“

KOHL VERLAG Bewegungsgeschichten
Mitmachgeschichten für Kindergarten und Grundschule – Bestell-Nr. 12 971

10 Ein Tag bei der Feuerwehr

Niklas **ist total aufgeregt** *(am Platz zappeln)*. Heute ist Tag der **offenen Tür** *(Tür öffnen)* bei der Feuerwehr und darauf **freut** er **sich** *(Hände jubelnd in die Luft strecken)* schon seit Langem. Er weiß nicht genau, was ihn dort erwartet. Wenn er groß ist *(sich ganz groß hinstellen)*, möchte Niklas aber unbedingt **Feuerwehrmann** werden *(Hände halten einen Feuerwehrschlauch und spritzen etwas nass)*. Zusammen mit Papa fahren sie mit ihren **Fahrrädern** zum großen Feuerwehrhaus *(imaginären Lenker halten und Beine im Sitzen kreisend bewegen)*.

Schon von Weitem **sieht** *(eine flache Hand über die Augen um genau hinzuschauen)* Niklas die vielen Fahrzeuge, die normalerweise in den großen Garagen geparkt sind, draußen im Freien stehen. Niklas **fährt schneller** bis zu einem geeigneten Zaun. An diesem **befestigt** er sein **Fahrrad** mit einem **Fahrradschloss** *(Fahrradschloss um den Zaun wickeln und Schlüssel umdrehen)*. Er kann es kaum erwarten, sich die Fahrzeuge genauer anzuschauen. Daher ist er begeistert *(begeistert schauen, auf der Stelle hüpfen, mit Armen fuchteln)*, als er sogar auf ein Feuerwehrauto **klettern** und das **Lenkrad halten** darf. Aber es gibt noch viel mehr zu entdecken. Auf einer Bühne tritt gerade eine Band auf. Ein **Schlagzeuger** *(mit imaginären Schlagzeugsticks trommeln)*, ein **Bassist** *(mit rechter Hand zupfen, mit linker Hand Töne an einem imaginären E-Bass greifen)* und ein **Keyboarder** *(mit Fingern auf imaginärer Tastatur spielen)* spielen zusammen Rockmusik. Einige Zuhörer **tanzen** vor der Bühne. Daneben ist ein Stand, an dem rote **Luftballons aufgeblasen** werden *(pusten und dabei imaginären Luftballon halten, der immer größer wird)*. „Hast du das Glücksrad schon gesehen?", fragt Papa. Niklas **schüttelt den Kopf**. Papa **zeigt** auf einen Stand. „Willst du mal drehen? Mit etwas Glück gewinnst du sogar etwas!" Niklas stellt sich

am Ende der kurzen Schlange an, die sich vor dem Glücksrad gebildet hat. Kurz darauf darf er an dem großen **Rad drehen** *(mit einer Hand Schwung geben)*. Gespannt wartet er ab, was passiert.

„Oh nein, wie ärgerlich *(verärgerte Handbewegung)***!“**, ruft Papa, als das Rad direkt neben dem Hauptgewinnfeld zum Stehen kommt. „Naja, ich habe fast gewonnen“, meint Niklas und ist gar nicht so enttäuscht wie Papa.

„Schau mal! Dort hast du noch einmal die Chance, etwas zu gewinnen. Wir können sogar gegeneinander antreten.“ Papa zeigt auf zwei Kinder, die mit **Wasserschläuchen auf** jeweils eine **Holzplatte zielen**, in der sich mehrere kleine Fenster befinden. In diesen **Fenstern sind Flammen** zu sehen *(mit den Händen loderndes Feuer darstellen)*. „Müssen die Flammen ausgespritzt werden?“, fragt Niklas. Papa **nickt**. Kurz darauf **halten** Papa und Niklas jeweils einen **Schlauch in den Händen** und **zielen** auf die Flammen in den Fenstern. Niklas ist etwas schneller als Papa. **„Glückwunsch!“, gratuliert** Papa *(Hände schütteln nachspielen)*. „Du hast den Brand echt schnell gelöscht!“

Niklas hat schon ein anderes lustiges Spiel entdeckt. Drei Leitern stehen dafür bereit. An jeder Leiter klettert ein Kind – natürlich gesichert – bis ganz nach oben. Denn am Ende der Leiter ist ein Alarmknopf, der gedrückt werden muss, damit die Feuerwehrsirene ertönt. Niklas muss nicht lange warten, bis er mitmachen darf. Schnell **klettert er an der Leiter** immer höher und **schlägt mit der flachen Hand** schließlich als erster **auf den Knopf**. Stolz **schaut** er **sich** zu Papa **um** und merkt erst jetzt, wie hoch er geklettert ist. Wieder unten angekommen hat Niklas sofort Lust auf das nächste Spiel. Mehrere Kinder treten dabei gegeneinander an und müssen sich so schnell wie möglich die Feuerwehrkleidung anziehen. „Auf die Plätze! Fertig! Los!“, ruft der Spielleiter und schon beginnt Niklas, zuerst den **Anzug anzuziehen** und den **Gürtel umzulegen**. Dann **streift** er **sich die Stiefel über** und **setzt sich** schließlich den **Helm auf**. Am Ende **zieht** er sich die **feuerfesten Handschuhe an**. Leider waren zwei Kinder ein bisschen schneller

als er. „Am tollsten ist hier das Sprungkissen!“, erzählt ihm ein Junge, der auch beim Anziehwettbewerb mitgemacht hat. „Man darf sich **von dort oben** *(nach oben zeigen)* auf das **Sprungkissen** *(nach unten zeigen, dort runden Kreis in die Luft zeichnen)* fallen lassen. Das ist sogar

Bewegungsgeschichten
Mitmachgeschichten für Kindergarten und Grundschule – Bestell-Nr. 12 971
KOHL VERLAG

besser als Trampolinspringen!“ Niklas ist begeistert und bedankt sich, bevor er sich sofort **auf den Weg dorthin** macht *(zügiges Gehen auf der Stelle)*. Er stellt sich mehrmals an und **lässt sich** immer wieder **auf das Sprungkissen fallen** *(Sprünge imitieren, vorsichtig fallen lassen)*.

„Was meinst du?“, fragt Papa nun. „Willst du noch mit der Drehleiter fahren?“ Überrascht **schaut** Niklas **sich um**. Die **große Drehleiter** *(mit den Händen greifen, als würde man eine Leiter hochsteigen)* war ihm bisher noch gar nicht aufgefallen. Mit mehreren anderen Kindern darf Niklas in den großen Korb am Ende der Leiter **klettern**. Ein Feuerwehrmann kommt hinzu und **drückt im Korb mehrere Knöpfe**. Daraufhin wird die **Drehleiter ausgefahren** *(rechte Hand von linker Hand wegbewegen)*. Als der Korb danach nach oben gefahren wird, **winkt** Niklas seinem Vater **aufgeregt zu**. Die **Aussicht** *(eine Hand oberhalb der Augen anlegen und weit schauen)* von oben **ist super** *(Daumen hochhalten)*. In der Ferne geht die Sonne gerade unter. Der Himmel leuchtet in schönen orangeroten Tönen. Es sieht fast so aus, als würde der Himmel **brennen** *(Flammen mit den Händen darstellen)*. Plötzlich wird Niklas klar, dass die Arbeit der Feuerwehr normalerweise nicht aus solchen Spielereien besteht. Normalerweise wird die Drehleiter eingesetzt, um Menschen aus Gebäuden zu retten, und die Schläuche werden nicht für Spiele benutzt, sondern zum **Löschen** von gefährlichen Bränden *(imaginären Schlauch halten)*. Obwohl er heute richtig **viel Spaß** hatte *(Freudensprünge auf der Stelle)*, ist Niklas klar, wie wichtig es ist, dass es die Feuerwehr gibt. Und noch sicherer ist er sich, dass er bald richtig dazugehören möchte.

11 Die Pfadfinder

Jeden Sonntag **startet** die **Wander**kindergruppe morgens einen **Ausflug** in die Berge *(alle auf der Stelle gehen, Rucksack imaginär auf dem Rücken tragen)*. Heute ist Emilia zum ersten Mal dabei. Sie ist schon ganz aufgeregt. Sehr gründlich **bindet** sie vorher zuhause **ihre Wanderschuhe zu** und **packt ihren Rucksack** *(imaginäre Schnallen öffnen und Sachen hineinlegen)*. Ein **leckeres Picknick** *(Mmmm, Bauch halten)*, ein **kleines Fernrohr** *(beide Hände zum Fernrohr formen)*, ein Käppi, ihre Sonnenbrille und Regenkleidung dürfen nicht fehlen. Danach **cremt** sie ihr **Gesicht und** ihre **Arme mit Sonnencreme ein**.

Die Kinder treffen sich mit ihrem **Gruppenleiter Peter** *(Hände in die Hüften stemmen und sich groß hinstellen)* an einer Fußgängerbrücke bei einem Wanderparkplatz. Sobald alle Kinder eingetroffen sind, **setzen sich** alle **ihre Rucksäcke auf** und die **Wanderung beginnt** *(Arme anwinkeln und abwechselnd vor- und zurückbewegen)*. Während es **immer steiler bergauf** geht *(einen Arm anwinkeln und schräg nach oben zeigen)*, **summt Peter ein Lied** *(summen)*. Emilia **wischt sich** schon bald den **Schweiß von der Stirn**. Ihre erste kleine Pause legen sie an einem Baumhaus am Wegrand ein. Nacheinander **klettern** alle Kinder die **Strickleiter hoch**. Daher wird es im Baumhaus ganz **schön eng** *(sich eng zusammen kauern)*. Peter hat mittlerweile ein **Seil an einem Ast befestigt** *(imaginären Knoten binden)*, mit dem die Kinder sich **abseilen können** *(an imaginärem Seil mit beiden Händen festhalten und umgreifen)*. Nach der Baumhauskletterpause **steigen** sie weiter **bergauf**. Bevor sie einen **Bach überqueren** *(einen großen Schritt auf der Stelle machen)*, sammelt sich die Gruppe und alle **balancieren** nacheinander vorsichtig **über** einen **Baumstamm** *(Arme ausbreiten und einen Fuß vor den anderen setzen)*. Den nächsten Bach überqueren sie, indem sie sich **mit einem Seil von einer Seite zur anderen schwingen** *(mit beiden Händen ein imaginäres Seil festhalten und Oberkörper nach vorne lehnen)*. Nach einer Weile erreichen sie eine Hängebrücke. Ein Kind nach dem anderen **überquert die wackelige Brücke** *(mit dem Oberkörper hin und her wackeln)*. Sie **halten** sich dabei **gut** an den **Seilen** an beiden Seiten **fest** *(Arme ergreifen in der Luft die Seile, balancieren am Platz)*. Dabei **werfen** sie immer wieder einen **Blick in die tiefe Schlucht** hinunter *(hinunterschauen)*.

Bewegungsgeschichten
Mitmachgeschichten für Kindergarten und Grundschule – Bestell-Nr. 12 971
KOHL VERLAG

11 Die Pfadfinder

Danach folgt die Wandergruppe nicht mehr dem Hauptweg, der auf einen Gipfel führt, sondern **biegt** auf einen **Trampelpfad ab** *(einen Fuß eng vor den anderen setzen, so einmal im Kreis laufen)*. Immer wieder müssen sie nun **Äste beiseiteschieben** und **durch hohes Gras stapfen** *(am Platz laufen und dabei die Knie hochziehen)*. Nachdem sie den vorgegebenen Weg verlassen haben, findet Emilia das Wandern auf einmal viel interessanter. Nun gehen sie ihren eigenen Weg. Und es gibt endlich viel mehr zu entdecken. **Bienen summen** *(mit Zeigefinger Bienenflug imitieren)* und ein **Murmeltier huscht in seinen Bau** *(mit den Unterarmen Laufbewegung andeuten und danach Hände schützend über den Kopf halten)*. „Peter, weißt du wo wir sind?", fragt plötzlich ein Junge, als der Weg kaum noch zu erkennen ist. „Keine Angst!", antwortet Peter. „Wir dürfen ruhig mal vom Weg abkommen, solange wir uns nicht komplett verlaufen. Er **zieht einen Kompass aus der Tasche und hält diesen vor sich**, um sich die Himmelrichtungen anzeigen zu lassen.

Plötzlich hören sie **ein Geräusch** *(zusammenzucken)*, das immer lauter wird. Ein **Hubschrauber** nähert sich der Wandergruppe *(mit der rechten Hand drehenden Propeller darstellen)*. Emilia holt ihr **Fernrohr** aus dem Rucksack und beobachtet damit den Hubschrauber *(jeweils mit Zeigefinger und Daumen einen Kreis bilden und diese vor das Gesicht halten)*. Der **Hubschrauber landet**, *(Hand von oben nach unten führen)* um mehrere **Holzbalken abzuladen** *(imaginären Gegenstand mit einer Hand von einer Seite zur anderen heben)*. „Damit soll eine **kleine Schutzhütte** *(mit Armen spitzes Dach formen)* gebaut werden", erklärt Peter. Kurz darauf **hebt der Hubschrauber wieder ab** *(Hand von unten nach oben führen)*. Dabei wird viel **Laub aufgewirbelt** und die Kinder **halten schützend ihre Hände vors Gesicht**. Während die Gruppe **weiterläuft** *(laufen auf der Stelle)*, fragt ein Junge: „Wann sind wir endlich da?" Peter schaut ihn überrascht an. „Wir sind doch schon da, wir sind doch bereits mitten in der Natur! Und hier gibt es so viel zu sehen." **Peter zeigt auf einzelne Gipfel**, die vom Weg aus gut zu sehen sind, und nennt den Kindern die Namen. Er **sammelt** Blätter und Beeren **vom Boden auf**, lässt die Kinder **die leckeren kleinen Früchte probieren** *(imaginäre Beeren pflücken und essen)*und erklärt ihnen etwas zu den Pflanzen und Tieren am Wegesrand.

Bewegungsgeschichten
Mitmachgeschichten für Kindergarten und Grundschule – Bestell-Nr. 12 971
KOHL VERLAG

Langsam wird Emilia **müde** *(gähnen)*. „Wie soll sie nur den Abstieg schaffen?“ **denkt sie** *(fragend in die Luft schauen und Schultern zucken)*. Bisher sind sie nur bergauf gelaufen.Doch Peter hat eine Überraschung: „Wir müssen heute gar nicht bergab laufen, sondern nehmen die **Sommerrodelbahn** *(mit einer Hand kurvigen Streckenverlauf zeigen)*!“ Die Kinder **jubeln** *(Hände in die Luft strecken)*. Sie müssen noch ein kurzes Stück laufen und erreichen dann die Rodelbahn. Nacheinander **setzen sie sich in ihre Schlitten** *(hinsetzen)* und **sausen** darin den Berg **hinunter** *(mit beiden Händen imaginär den Steuerknüppel halten)*. Die Strecke ist **kurvig** *(Oberkörper nach links und rechts lehnen)*. Immer wieder **bremst** Emilia vorsichtig, weil ihr Schlitten ganz schön schnell wird *(Hände zu Fäusten formen und vor den Körper halten, Oberkörper nach vorne lehnen)*.

Am Ende der Rodelbahn wartet Papa. Er **legt einen Arm um Emilia**. „Hattest du einen schönen Wandertag?“, fragt er. Emilia **nickt**. „Darf ich nächstes Mal wieder mitmachen?“ Nun **nicken** Papa und Peter. Emilia **bedankt sich** *(sich verneigen)* bei Peter für den tollen Ausflug und **winkt** ihm und den anderen Kindern **zum Abschied** zu.

12 Die Seifenkisten-Werkstatt

„**Hast** du schon von dem Seifenkisten-Wettbewerb **gehört**? *(eine Hand ans Ohr legen, um bewusst zu hören)*", fragt Kian seinen Freund Jano aufgeregt. Jano **schüttelt den Kopf**. „Das ist echt cool! Man soll selbst ein Fahrzeug bauen und dann fährt man gegen die anderen Wettbewerbsteilnehmer ein Rennen. Einer ist **Fahrer** *(Lenkbewegung)* und der andere **schiebt an** *(beide Hände vom Körper wegbewegen)*. Machst du mit?" Jano braucht nicht lange nachzudenken. „Klar!", ruft er ohne zu zögern. „Ich bin dabei! **Schlag ein**!" *(Hand hochhalten)* „Mein Vater hat in der Garage viele Werkzeuge. Die dürfen wir bestimmt zum Bauen benutzen."

Abends **klettert** Kian die steile Treppe zum Dachboden **hinauf** *(Kletterbewegung mit Armen und Beinen imitieren)*. Dort muss er nicht lange nach seinem alten Kinderwagen **suchen** *(suchend umherschauen und umherlaufen, finden)*. Sofort schraubt er die Räder ab *(die eine Hand macht Drehbewegungen, die andere nimmt das Rad ab)* und **steckt sie in seinen Rucksack** *(mit rechter Hand Reißverschluss öffnen und danach vier Gegenstände in den imaginären Rucksack hineinlegen)*.

Ein paar Tage später **treffen sich** die beiden Freunde bei Jano *(mit einem Nachbarn zusammenstehen)*. In der Garage sind nicht nur viele Werkzeuge, sondern auch Nägel, Schrauben und Holz. „Wir dürfen alles nehmen", **verkündet** Jano **zufrieden** *(Daumen hochhalten, zufrieden schauen)*.

Zuerst **machen** die beiden eine **Skizze** von ihrem **zukünftigen Fahrzeug** *(linke Hand ausstrecken als Blatt, mit rechts ein Fahrzeug in die linke Hand zeichnen)*. Dann **messen** sie mit dem Maßband die Bretter **aus** *(Messbewegung: rechte Hand von der linken wegbewegen)* und beginnen kurz darauf, diese auf die richtige Länge zu **sägen** *(Sägebewegung mit einer Hand, vor und zurück)*. Dann wird viel **gehämmert** *(mit einer Hand Nagel halten, mit der anderen Hand hämmern imitieren)*. Für die Stäbe, an denen die Räder befestigt werden sollen, müssen sie **Löcher bohren** *(beide Hände halten imaginären Bohrer, diese zusammengehalten vom Körper wegbewegen)*. **Nach mehreren Stunden**

Bewegungsgeschichten
Mitmachgeschichten für Kindergarten und Grundschule – Bestell-Nr. 12 971
KOHL VERLAG

Arbeit *(rechte Hand zeigt auf der linken Hand auf einer gedachten Uhr, wie die Zeit vergeht)* ist die Seifenkiste **endlich fertig** *(Erfolgsgeste, eine Faust schnell von oben nach unten führen)*. „Das sieht eher wie ein Kasten aus, aber nicht wie ein Fahrzeug!“, mault Jano. „Na und? Wir wollen damit doch keinen **Schönheitswettbewerb** *(sich als Modell positionieren)*, sondern ein Rennen gewinnen“, meint Kian. „Wir sollten es aber zumindest bunt anmalen!“, schlägt Jano vor. Schnell haben sich die zwei auf die Farben geeinigt und beginnen zu **pinseln** *(Auf- und Abbewegung aus dem Handgelenk)*.

„Unser Wagen braucht noch einen Namen“, überlegt Jano. Kian **nickt und denkt nach** (sich am Kopf kratzen). „Was hältst du von ‚Schaumbox‘ statt ‚Seifenkiste‘?“, fragt er kurz darauf. Jano **grinst zufrieden**. **„Gute Idee!“** *(Zeigefinger an den Kopf legen und schnell davon wegbewegen)*. Er **schnappt sich** seine Trinkflasche und **zerschlägt** sie an der ´Schaumbox´ *(mit imaginärem Gegenstand Schlagbewegung machen)*. „Ich **taufe dich** auf den Namen ‚Schaumbox‘“, sagt er dabei feierlich. Kian hat sich schon einen **Stift geschnappt** und **schreibt** den Namen in großen Buchstaben auf den Wagen *(das Schreiben von großen Buchstaben nachahmen)*. „Wer **schiebt** und wer **lenkt** eigentlich beim Rennen?“, fragt Jano plötzlich. Darüber haben sie noch gar nicht gesprochen. „Du willst bestimmt auch **lenken**, oder?“ Jano nickt. „Wir könnten **sching, schang schong spielen**!“, schlägt er vor. „**Gute Idee** *(Zeigefinger an den Kopf legen und schnell davon wegbewegen)*! Wer gewinnt, darf lenken! Also los!“ *(rechte Faust dreimal hin- und herbewegen)*. Kurz darauf **grinst** Kian **zufrieden**. Er hat gewonnen.

Endlich ist der Tag des Rennens gekommen und alle teilnehmenden Fahrzeuge stehen an der Startlinie bereit. Kian **klettert** in ihre bunte selbstgebaute Seifenkiste **hinein** *(einsteigen imitieren)*. Kurz darauf geht es los und alle **zählen** zusammen den **Countdown**: **„5, 4, 3, 2, 1,** Start!“ *(Zahlen mit Fingern zeigen)*.

Sofort **schiebt** Jano die Seifenkiste **an** *(Arme und Oberkörper nach vorne drücken)* und **rennt** los *(Laufbewegung am Platz)*. Kian **hält das Lenkrad fest umklammert** und **schaut konzentriert** auf die **kurvige Strecke**.

Sicher **fahren** sie **durch** eine scharfe **Kurve** nach der anderen *(Oberkörper abwechselnd nach links und rechts lehnen, sehr konzentriert schauen)*.

„Ich glaube, wir werden gleich überholt!“, ruft Jano Kian zu. Dieser **schaut sich** sofort besorgt nach hinten **um**. Noch führen sie, aber wahrscheinlich nicht mehr lange. Als es leicht bergab geht, **springt** Jano auf die ‚Schaumbox‘ **auf**. Erst als es danach steil bergauf geht, werden sie schließlich doch überholt. Jano **rennt** und **schiebt** so **schnell** er kann. Doch das andere Fahrzeug ist schneller und der **Abstand** wird **immer größer** *(Hände zusammenlegen, langsam auseinanderführen)*. Jano ist ganz **erschöpft**, als sie schließlich die Ziellinie erreichen *(Oberkörper nach vorne beugen, Hände auf den Knien abstützen und tief ein- und ausatmen)*. Die Gewinner, die weit vor ihnen ins Ziel gefahren sind, **jubeln** *(Hände in die Luft strecken)*. „Dabei sein ist alles!“, **tröstet** Kian seinen immer noch **erschöpften Freund** *(Nachbarkind vorsichtig in den Arm nehmen)*. „Spaß haben ist alles!“, entgegnet dieser grinsend. Kian lacht. Damit hat Jano wirklich recht. Nicht nur **das Rennen** *(auf der Stelle rennen)*, auch **das Bauen** *(mit Werkzeugen arbeiten imitieren)* hat wahnsinnig **viel Spaß gemacht** *(Freudensprünge auf der Stelle)*. Deshalb ist es gar nicht schlimm, dass sie nicht gewonnen haben. Bei der Siegerehrung **gratulieren** Kian und Jano dem Gewinnerteam *(Händeschütteln imitieren)* und **klatschen** bei der Preisverleihung. Plötzlich hören sie die Stimme des Moderators: „Und der Preis für das originellste Fahrzeug geht an Kian und Jano mit ihrer ‚Schaumbox‘. **Überglücklich fallen sich** die **Freunde in die Arme** *(Arme ausbreiten, Nachbarn freudig umarmen)*. „Wir haben also gar nicht richtig verloren!“, stellt Jano zufrieden fest.

KOHL VERLAG Bewegungsgeschichten Mitmachgeschichten für Kindergarten und Grundschule – Bestell-Nr. 12 971

13 Das Instrumentenkarussell

„Beeil´ dich bitte, Lea! Wir müssen gleich los! Hopp, hopp!“ Mama **klatscht in die Hände**. Lea seufzt. Mama hat mal wieder Angst, dass sie zu spät kommen. Lea hat es nicht so eilig, obwohl sie **sich** schon sehr auf den Vormittag in der Musikschule **freut**. Mama hat sie zum ‚Instrumentenkarussell‘ angemeldet. Doch mit **Karussellfahren** hat der Kurs gar nichts zu tun *(am Platz im Kreis drehen)*. Mehrere Instrumente werden dort vorgestellt, damit Lea sich leichter entscheiden kann, welches Instrument sie lernen möchte.

Eine **Ukulele** hat Lea schon und kann darauf schon einige Akkorde **spielen** und dazu **singen** *(rechte Hand vor dem Bauch auf und ab bewegen, mit linker Hand greifen, singen)*. Lea mag den Klang der Ukulele. „Das klingt immer nach Urlaub“, schwärmt auch Mama jedes Mal, wenn Lea übt. Denn die Ukulele wurde auf Hawai erfunden, einer Inselgruppe mitten im Pazifik, wo es schön warm ist und man immer **Sonnenbrille** und **Sonnenhut tragen** muss *(imaginäre Sonnenbrille und Sonnenhut aufsetzen)*.

Außerdem hat Lea Papas **Keyboard** schon einmal ausprobiert *(Finger über eine imaginäre Tastatur bewegen)*. Damit spielt **Papa** *(sich groß hinstellen)* in einer Band, zusammen mit einem **Schlagzeuger** *(Trommeln mit Schlagzeugsticks)* und einem Bassisten *(Zupfen mit rechter Hand, greifen mit linker Hand)*. Leas beste Freundin Merle **spielt Blockflöte** *(Finger imitieren die Spielbewegungen auf einer Flöte)* und geht einmal in der Woche zum Unterricht. Als Lea vor ein paar Tagen bei Merle zum Spielen war, hat Merle ihr etwas auf der **Flöte** vor**gespielt** und Lea hat dazu **gesungen** *(imaginäres Mikrofon halten, singen)*. „Es gibt noch **viel mehr verschiedene Flöten** *(Finger zählen)*“, hat Merle ihr erklärt. „Die **Querflöte** hält man z. B. so!“ *(Finger beider Hände rechts neben dem Kopf bewegen)* Lea hat sich gewundert, als Merle die Löcher nicht vor ihrem Körper zugedrückt hat, sondern neben ihrem Kopf. Lea kennt sich also schon ganz gut aus. Trotzdem **freut** sie **sich** *(Hände jubelnd in die Luft strecken)* nun darauf noch mehr Instrumente kennenzulernen.

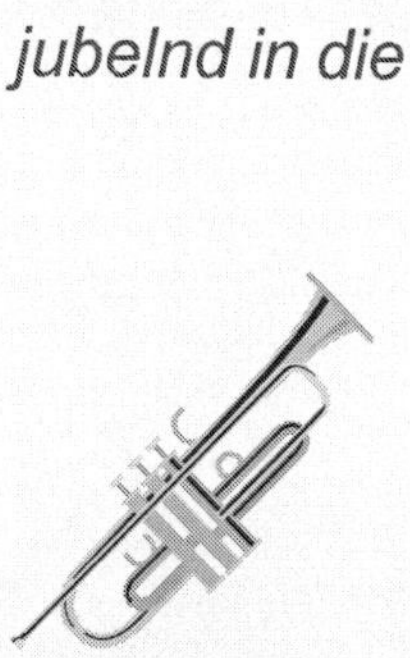

„Tschüss, viel Spaß!“, sagt Mama, nachdem sie Lea bis zum Raum begleitet hat, in dem der Kurs stattfindet. Lea **winkt zum Abschied** und **setzt sich** *(aufstehen und sich wieder setzen)* zu den anderen Kindern und Erwachsenen in den Stuhlkreis. Zur Begrüßung **singen** *(in ein imaginäres Mikrofon singen)*

13 Das Instrumentenkarussell

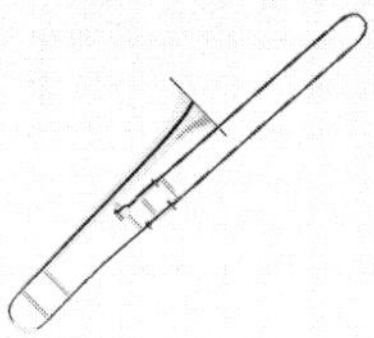

alle zusammen ein Lied. Dabei **klopfen sie sich mit den Händen auf die Oberschenkel**. Danach geht es sofort los. Zuerst werden die Blechblasinstrumente vorgestellt. Ein **Trompeter spielt** *(imaginäre Trompete halten und spielen, Knöpfe drücken)* etwas vor und erklärt, was er mit dem Mund machen muss, um Töne zu erzeugen. Die **Posaune** sieht fast genauso aus und auch der Klang ist ähnlich. Es werden allerdings keine Ventile gedrückt wie bei der Trompete, **sondern ein Zug wird aus dem Instrument herausgezogen bzw. wieder hineingeführt**. „Die Blechblasinstrumente sind ganz schön laut", findet Lea. Und das Hineinpusten – was so einfach aussieht – ist ganz schön schwer. **Jedes Kind** darf in ein **Mundstück hineinblasen** *(rechter Daumen und Zeigefinger formen Kreis, vor den Mund halten, durchblasen)*. Dabei sollen die **Lippen** ganz **locker bleiben** und **mitschwingen**. Ansonsten kann der Ton nicht entstehen *(durch den geschlossenen Mund ausatmen und dabei die Lippen lockerlassen)*.

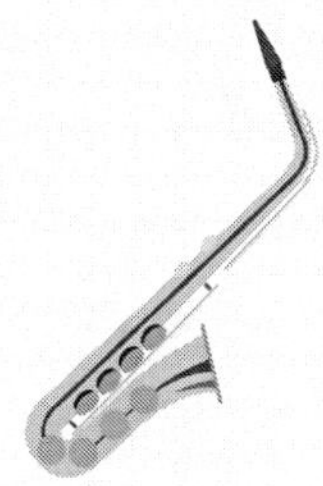

Bei den Holzblasinstrumenten sind nur die Mundstücke aus Holz. Deshalb gehören zum Teil auch Instrumente aus Blech zu den Holzblasinstrumenten, wie z.B. das **Saxophon**, das eine interessante Form hat *(die Form des Saxophons in der Luft nachzeichnen)*. Der Klang gefällt Lea sehr gut. Der **Saxophonist**, der sein Instrument den Kindern vorstellt, **improvisiert**. Das heißt, er überlegt sich erst beim Spielen die Melodie und den **Rhythmus** *(einen bestimmten Rhythmus klatschen)*. Lea schaut genau zu, wie er die **Klappen** am Instrument **herunterdrückt** und im Takt der Musik den **Oberkörper mal nach hinten und mal nach vorne bewegt**.

Die Klarinette *(mit beiden Händen an einer imaginären Klarinette die Töne greifen/Finger herunterdrücken)*, die danach vorgestellt wird, sieht sehr ähnlich aus, klingt aber ganz anders. Die Klarinettistin zeigt, dass es beim Spielen – wenn man noch ungeübt ist – manchmal ganz schön quietscht. Lea **zuckt** bei dem schrillen Klang **zusammen und hält sich die Ohren zu**. Doch zum Glück beherrscht die **Klarinettistin** ihr Instrument sehr sicher und das Stück, das sie danach **vorspielt** *(auf imaginärer Klarinette spielen/Fingerbewegungen)*, klingt sehr schön. Ähnlich wie beim Saxophon werden mehrere verschiedene **Klappen heruntergedrückt** *(einzelne Finger drücken imaginäre Klappen)*.

Danach kommt die **Geige** an die Reihe. Der Geiger **greift mit der linken Hand um das Griffbrett der Geige herum,**

KOHL VERLAG Bewegungsgeschichten Mitmachgeschichten für Kindergarten und Grundschule – Bestell-Nr. 12 971

legt die Finger auf die Saiten und drückt dabei das Instrument gegen sein Kinn, damit es nicht wegrutscht. **Mit der rechten Hand streicht er mit einem Bogen über die Saiten**. Er überprüft zunächst, ob jeweils zwei Saiten der Geige gut zusammenklingen, und **dreht** danach **an kleinen Knöpfen** *(Drehbewegung nachahmen)*, um die Saiten entweder mehr zu spannen oder etwas zu lockern. Nach dem Stimmen der vier Saiten **spielt** er eine schöne **Melodie** *(Haltung von Geige und Bogen – wie oben erklärt – nachahmen)*. **Lea meldet sich**. „Sind die Haare des Bogens wirklich Pferdehaare?“, fragt Lea danach interessiert.

Der Geiger **nickt**. „Bei allen Streichinstrumenten werden die Bögen mit Pferdehaaren bespannt, auch beim Cello!“

Nun kommt seine Kollegin mit einer **riesigen Geige** in den Stuhlkreis. Die Geige ist so groß, dass sie nicht am Kinn, sondern **zwischen den Beinen gehalten** wird *(sich breitbeinig mit geradem Rücken hinsetzen, die linke Hand greift Töne am imaginären Griffbrett und die rechte Hand streicht mit einem imaginären Bogen)*. „Weil das Cello größer ist als eine Geige, ist der **Klang tiefer** *(tiefen Ton summen)*“, erklärt die Cellistin. Auch sie **stimmt** ihr Instrument zuerst *(Drehbewegung mit einer Hand)* und **spielt** danach ein Stück vor. Genau wie bei der Geige werden **mit der linken Hand** die **Saiten runtergedrückt**. Der Klang des Cellos ist sehr warm und weich. Trotzdem hat Lea bereits das nächste Instrument entdeckt. Es ist noch **größer als das Cello** *(sich hinstellen und einen imaginären sehr großen Gegenstand zeigen)* und hat nicht nur vier, sondern 47 Saiten. Lea versucht, die Anzahl der Saiten zu **zählen** *(mit Finger in die Luft tippen)*. Eine Frau setzt sich hinter die große **Harfe**. Ihre **Finger gleiten** blitzschnell **über die Saiten** und **zupfen** diese an.

Leider **vergeht** die **Zeit wie im Flug** *(auf imaginärer Armbanduhr Zeiger drehen)*, und **Lea wird** von ihrer **Mutter abgeholt** *(winken)*. „Und, wie war´s?“, fragt Mama, als sie Lea sieht. „**Super** *(Daumen hochhalten)*!“, antwortet Lea strahlend. Mama ist neugierig. „Hast du dich schon für ein Instrument entschieden, das du lernen möchtest?“ Lea **schüttelt den Kopf**. „Das ist gar nicht so einfach“, antwortet sie. „Denn es gibt so **viele tolle Instrumente** *(Daumen hoch, zählen)*!“

14 Ein neues Hobby für Mara

Mara ist nun endlich **6 Jahre alt** *(mit den Fingern bis sechs zählen)*. Endlich 6 bedeutet, dass sie sich nun ein **neues Hobby** *(verschiedene Sportarten nachspielen: z. B. Tennis spielen, Fußball spielen, Schwimmen, Tanzen...)* aussuchen darf. **Einmal die Woche** *(Daumen hoch für einmal)* darf sie zum Sport gehen. Mara **freut sich riesig** *(Hände jubelnd in die Luft strecken)*, obwohl sie noch **keine Idee hat, was** sie überhaupt **machen** möchte *(Achsel zucken)*. Mama fände es toll, wenn Mara zu einem **Schwimmkurs** gehen würde *(Schwimmbewegungen mit den Armen)*. „Du kannst immer noch **nicht richtig schwimmen** *(unter Wasser tauchen und wiederauftauchen nachahmen)* und so ein Schwimmkurs macht echt Spaß!" Mara ist unsicher. „Was macht man denn dort?", fragt sie. Du lernst dort die **Schwimmbewegungen**, die du **mit den Armen** und **Beinen** machen musst, damit du nicht untergehst *(mit den Armen Schwimmbewegung zeigen)*. Außerdem macht ihr lustige Spiele im Wasser, z.B. **Ballspielen** *(Ball werfen und fangen imitieren)*, die **Luft** unter Wasser **anhalten** *(einatmen, Luft anhalten und so untertauchen)*, **Wasserbälle** über die Wasseroberfläche **pusten** oder vom Beckenrand ins Wasser **springen** *(ein Sprung auf der Stelle)*.

„Aber das kann Mara doch eigentlich schon alles!", behauptet **Anton**, Maras **großer Bruder** *(sich aufrecht und selbstbewusst hinstellen)*. Anton **spielt Fußball** *(mit einem Fuß einen imaginären Ball schießen)*. **Einmal in der Woche** *(zum Zählen Daumen hoch)* geht er zum Training. Aber er fände es toll, wenn immer jemand da wäre, mit dem er im Garten **kicken** kann *(Schießen mit dem Fuß andeuten)*. „Fußball ist doch was für Jungs", sagt Maras Schwester Malia." „Das stimmt überhaupt nicht!", **ruft** Anton **entrüstet** *(Arme in die Hüften stemmen)*. **„In meiner** *(mit einem Finger auf sich zeigen)* Mannschaft sind sogar **zwei Mädchen** *(zwei Finger zeigen)*." Mara hat eigentlich gar **keine Ahnung** wie so ein Fußballtraining abläuft *(beide Handflächen nach oben zeigen lassen, Schultern hochheben und fragend schauen)*. Doch Anton fängt schon an zu **erklären** *(mit beiden Händen in der Luft gestikulieren)*: „So ein Training ist super. Zuerst **wärmen** wir uns immer **auf** *(Dehnen der Arme und Beine)*, dann **laufen** wir mehrere Runden um den Fußballplatz *(im Kreis Joggen auf der Stelle)*. Meistens üben wir danach etwas Bestimmtes, z.B. **Kopfbälle** *(Schuss mit dem Kopf andeuten)* oder **Pässe**. Dabei spielen wir uns zu zweit den Ball immer wieder zu *(Schuss mit dem Fuß zum Nachbarn andeuten)*. Manchmal üben wir auch

Bewegungsgeschichten
Mitmachgeschichten für Kindergarten und Grundschule – Bestell-Nr. 12 971
KOHL VERLAG

Torschüsse und schießen deshalb mehrmals auf das Tor. Natürlich so, dass der **Torwart** ihn nicht halten kann *(Ball fangen imitieren)*. Am Ende bilden wir zwei Mannschaften und machen dann ein Spiel."

„Das ist doch echt nur was für Jungs", mault Malia wieder. „Es heißt sogar Mannschaft, obwohl du gesagt hast, dass auch Mädchen und Frauen mitmachen dürfen." Anton **verdreht die Augen**. „Du willst doch nur, dass sie mit dir zum **Ballett** geht!" Anton macht eine **alberne Tanzbewegung**. Malia **grinst**. Denn Anton hat nicht ganz unrecht. Malia **liebt Ballett** *(Herzsymbol in die Luft halten)* und würde gerne auch Mara dafür begeistern. Immer wieder **diskutiert** *(mit Händen gestikulieren)* sie mit Mama und Papa, weil sie gerne mehrmals in der Woche zum Training gehen würde. Sie bewundert immer die großen Mädchen im Kurs vor ihr, die schon **mit Spitzenschuhen tanzen** dürfen *(Spitzentanz andeuten, dazu auf die Zehenspitzen/halbe Spitze stellen)*. Und sie findet ihren **rosa Rock** *(beide Hände, Handflächen nach unten, vom Körper wegbewegen)* den sie beim Training immer trägt, **total schön** *(Daumen hoch zeigen)*. Besonders gerne übt Malia **Drehungen**, weil ihr Rock dabei so schön durch die Luft weht *(eine vorsichtige 360° Drehung am Platz, einmal um sich selbst)*.

„Wie sehen eure **Ballettübungen** eigentlich aus?", fragt Mara. Malia **stellt sich** sofort ganz **gerade hin** und **formt die Arme vor ihrem Bauch zu einem Kreis**. Ihre **Fußspitzen** sind dabei **nach außen gedreht**. „Du stehst da wie ein Pinguin", bemerkt Anton. Malia beachtet ihn nicht weiter und **macht** einen **Knicks** *(Zehenspitzen des rechten Fußes hinter dem linken Fuß aufsetzen und leicht in die Knie gehen)*. „Normalerweise beginnen wir mit **‚tendus'**. Dabei muss man den **Fuß und das Bein strecken** und über den Boden **nach vorne, zur Seite** oder nach **hinten bewegen**. Dann geht es mit **‚pliés'** weiter. Beim **‚demi plié' beugt** man **die Beine** nur **ganz leicht** *(etwas in die Knie gehen, die Knie zeigen dabei nach außen und die Fersen bleiben am Boden)* und beim **‚grand plié' beugt** man **die Beine** noch **mehr** und geht **noch tiefer runter**. Dabei gehen die **Fersen hoch**". Mara schaut gespannt zu. „Meine Lieblingsübung sind die **‚passés'**, fährt Malia

KOHL VERLAG Bewegungsgeschichten Mitmachgeschichten für Kindergarten und Grundschule – Bestell-Nr. 12 971

fort und **zieht** ihren **linken Fuß am rechten Bein bis zum Knie nach oben**. Dabei **zeigt das Knie nach außen**. „Die Übungen haben so **merkwürdige Namen** *(Grimmasse schneiden)*“, stellt Mara fest. Malia **nickt**. „Das Ursprungsland des Balletts ist **Frankreich** *(imaginäre Flagge schwingen)*. Deshalb ist die Ballettsprache überall auf der Welt Französisch. **‚Tendu‘** heißt **‚gestreckt‘**, *(ein Bein gestreckt vom Körper wegbewegen, der Fuß bleibt dabei am Boden)* **‚plier‘** bedeutet ‚beugen‘ und **‚passer‘** heißt **vorbeikommen**. Denn der Fuß kommt bei der Übung **am Knie vorbei**).“

Überraschend früh *(auf eine imaginäre Uhr schauen)* kommt **Papa nach Hause** *(auf der Stelle gehen)* und **winkt** seiner Familie schon von weitem **zu**. „Papa!“, rufen Anton, Malia und Mara wie aus einem Munde. „Mara hat sich immer noch **nicht entschieden** *(Kopf schütteln)*, welches Hobby sie machen möchte“, sagt Anton. „Konntest du sie nicht fürs **Fußballspielen** begeistern?“, fragt Papa und **zwinkert**. Anton **schüttelt den Kopf**. „Aber fürs **Ballett** *(Knicks machen oder eine Ballettübung zeigen)* schon, oder?“, fragt Malia und schaut ihre kleine Schwester erwartungsvoll an. Doch Mara zögert. „Am besten Mara **überlegt** *(mit zwei Finger grübelnd das Kinn reiben)* ganz in Ruhe, was sie machen möchte“, schlägt Papa vor. „Lass dich **nicht** von den dreien **bequatschen** *(Zahl drei zeigen und mit einem Zeigefinger hin- und herwedeln, NEIN zeigen)*“, sagt er zu Mara. „Wenn du willst, **schauen** wir mal zusammen **im Internet** *(auf imaginärer Tastatur tippen)*, was es noch alles in der Nähe gibt. Denn vielleicht möchtest du ja etwas ganz Anderes machen. Weder Fußball noch Ballett! Vielleicht **Basketball** *(Ball dribbeln imitieren)*, **Leichtathletik** *(joggen am Platz)*, **Akrobatik** *(balancieren imitieren, Arme dazu zur Seite ausstrecken)*, **Voltigieren** *(den rechten Arm nach vorne und das linke Bein nach hinten ausstrecken)* oder, oder, oder.“ Mara **gefällt** Papas **Idee** *(beide Daumen nach oben zeigen und lächeln)*. Sie will sich jetzt noch **nicht entscheiden** *(ein Zeigefinger zeigt NEIN)*, sondern sich noch einmal **umhören** *(eine Hand ans Ohr halten)* und **informieren** *(in einem Buch lesen)*. Und vor allem möchte sie ganz **alleine** *(zeigt auf sich)* entscheiden, was sie machen möchte.

KOHL VERLAG Bewegungsgeschichten Mitmachgeschichten für Kindergarten und Grundschule – Bestell-Nr. 12 971

15 Finn als Ritter

Finn **pustet** alle sechs Geburtstagskerzen auf seinem Geburtstagskuchen aus. Er hat bereits ein **Buch** *(in den Seiten blättern)* über Ritter und ein **Holzschwert** *(beide Hände zusammenlegen und damit einen Schlag mit einem Schwert andeuten)* ausgepackt. Nun liegt neben seinem Platz am Tisch noch ein **Umschlag**. Finn öffnet diesen und zieht einen **Zettel** heraus *(imaginären Umschlag öffnen und Brief herausnehmen)*. Auf dem Zettel ist die Burg Drachenfels zu sehen, die ganz in der Nähe auf einem Berg liegt *(mit beiden Armen einen Berg formen)*. Erst jetzt fällt Finn auf, dass ein viel kleinerer Zettel aus dem Umschlag herausgefallen ist. Er **bückt sich, um ihn aufzuheben**. Der Zettel sieht wie eine Eintrittskarte aus. „Das ist ein Ticket für den Mittelaltermarkt auf Burg Drachenfels“, erklärt Papa. Finn **springt** vor Begeisterung in die Höhe. Auch seine kleine Schwester Juna freut sich. „Dort gibt es **Pferde** *(Traben auf dem Platz)*, oder?“, fragt sie begeistert. Mama **nickt**. „Und noch **viel mehr**!“ *(eine Hand im Halbkreis vor dem Körper führen)*. „Komm!“, sagt Papa. „Wir stimmen uns schon einmal ein und bauen **Pfeil und Bogen**!“ *(Bogenschießen)*. Finn schaut gespannt zu, als Papa mit dem Messer einen **Ast** an einer Seite **anspitzt** *(Schnitzbewegung)* und einen anderen Ast an beiden Ende **einkerbt**, um daran ein dünnes **Seil** zu **befestigen** *(Knoten)*.

Am nächsten Samstag ist es endlich so weit. Finn, Juna, Mama und Papa betreten über die **Zugbrücke** *(auf- und zuklappen mit einem Arm zeigen)* die Burg. Der große Innenhof der Burg hat sich in einen Mittelaltermarkt mit vielen **Zelten** *(mit den Händen ein Dreieck formen)* verwandelt. Dort werden Lederwaren, Felle und Schmuck zum **Kauf** angeboten *(Portemonnaie öffnen und Geld überreichen)*. In anderen Zelten sind **Glasbläser** *(pusten durch ein Rohr, dass mit beiden Händen geformt wird)*, **Töpfer** *(Gefäß mit den Händen formen)* und **Schmiede** *(mit imaginärem Hammer oder Zange hantieren)*. Finn fällt ein Mann auf, der eine lustige **Mütze mit zwei Zipfeln** trägt *(Zipfel mit den Händen am Kopf andeuten)*. „Das ist ein Hofnarr, der früher die Ritter und ihre Familien, die auf den Burgen lebten, unterhalten hat.“ Juna muss **kichern** *(Hand vor den Mund halten)*.

Finn möchte lieber sofort ein Ritterturnier anschauen. Zuerst sehen sie Ritter auf Pferden, die im Vorbei**reiten** mit einer **Lanze** eine Holzfigur umstoßen müssen *(in die Knie gehen, auf- und abwippen und mit einer Lanze zielen)*. Finn klatscht **begeistert** und Juna **jubelt** *(Hände in die Luft strecken)*. Danach treten zwei Ritter gegeneinander an. Beide versuchen mit ihren **Schilden** die **Schwertschläge** des Gegners abzuwehren *(Schwertkampf mit einem Partner nachstellen)*. Erst als ein Ritter zu Boden **fällt** *(hinfallen oder auf den Stuhl setzen)*, ist der Kampf vorbei.

Abends **schneidet** Finn etwas mit der Schere aus einem großen Stück Pappe **aus** *(mit Zeige- und Mittelfinger schneiden)*. „Was machst du denn da?“, fragt Papa. Finn **reckt** Papa seinen fertigen **Schild entgegen**. Papa grinst. „Soll ich dich **zum Ritter schlagen**?“ *(imaginäres Schwert greifen, dieses senken und wieder anheben)*, fragt er. Finn **nickt** stolz. „Jetzt bin ich ein richtiger Ritter!“

Bewegungsgeschichten
Mitmachgeschichten für Kindergarten und Grundschule – Bestell-Nr. 12 971
KOHL VERLAG